QUANTOS ANOS FAZ O

B R A S I L ?

QUANTOS ANOS FAZ O BRASIL?

Adilson Avansi de Abreu
ORGANIZADOR

EDIÇÃO BILÍNGÜE

IMPRENSA OFICIAL

edusp

Dados Internacionais de Catalogação na Publicação (CIP)
(Câmara Brasileira do Livro, SP, Brasil)

Quantos Anos faz o Brasil? – São Paulo: Editora da Universidade de São Paulo, 2000. – (Uspiana Brasil 500 Anos)

Vários Autores.
Bibliografia.
ISBN: 85-314-0546-7

1. Museu de Arqueologia e Etnologia (São Paulo, SP) 2. Museu de Arte Contemporânea (São Paulo, SP) 3. Museu de Zoologia (São Paulo, SP) 4. Museu Paulista (São Paulo, SP) 5. Universidade de São Paulo – Museus I. Série.

00-0482 CDD-069.5098161

Índices para catálogo sistemático:

1. Acervos : Museus : Universidade de São Paulo : Museologia 069.5098161
2. Museus : Universidade de São Paulo : Acervos : Museologia 069.5098161
3. Universidade de São Paulo : Museus : Acervos : Museologia 069.5098161

Edusp – Editora da Universidade de São Paulo
Av. Prof. Luciano Gualberto, Travessa J, 374
6º andar – Ed. da Antiga Reitoria – Cidade Universitária
05508-900 – São Paulo – SP – Brasil Fax (0xx11) 818-4151
Tel. (0xx11) 818-4008 / 818-4150
www.usp.br/edusp – e-mail: edusp@edu.usp.br

Printed in Brazil 2000

Foi feito o depósito legal

Esta coleção, composta de 12 títulos, é parte integrante da "Estante USP – Brasil 500 Anos", publicações aprovadas pelas Comissões da Universidade e pela Comissão Nacional para as Comemorações do V Centenário do Descobrimento do Brasil

USPIANA
BRASIL
500
ANOS

Esta coleção, reunindo doze títulos, marca a presença editorial da Universidade de São Paulo nas comemorações dos 500 anos do Brasil. A importante efeméride foi, de vários outros modos, amplamente celebrada em nosso âmbito acadêmico, incluindo encontros científicos, exposições, conferências, seminários, espetáculos e eventos diversos. Os livros, porém, a despeito dos freqüentes vaticínios de virtualistas equivocados, ainda são formas de registro com grau mais elevado de permanência. Assim, estas obras lançadas pela Edusp e criteriosamente programadas pela nossa Comissão das Comemorações USP – Brasil 500 Anos vêm contribuir para fixar ainda mais a memória de uma celebração histórica.

A coleção Uspiana – Brasil 500 Anos é também fruto de larga reflexão dos intelectuais acadêmicos, uma vez que as obras dela constantes foram selecionadas dentre projetos enviados após consultas a todas as Unidades e Órgãos de Integração da Universidade. A escolha dos títulos procurou ser abrangente e representar as várias áreas do saber existentes na instituição. Acertadamente, não explora somente os vínculos temáticos. Tem, como escopo, a reunião de estudos problematizadores da cultura européia, as inter-relações do Brasil com a África e com o continente americano de modo geral e as culturas autóctones. É, por isso mesmo, um legado para o terceiro milênio, constituído por obras de referência, inventários, análises críticas e proposições.

Ao reunir esforços para lançar esta edição, a Editora da Universidade de São Paulo e a Imprensa Oficial do Estado fixaram no mais elevado patamar uma frutífera parceria de vários anos. Desenvolveram, para esta coleção, um trabalho de grande alcance, cuja impressão foi precedida de cuidadosa organização de texto e imagem, valorizando a iconografia e documentos inéditos ou pouco conhecidos.

Não há como privilegiar especificamente qualquer uma das obras desta coleção que, em sua íntegra, reflete a pluralidade acadêmica e oferece ao leitor uma visão simultaneamente retrospectiva, atual e prospectiva do nosso país. Esperamos que o seu conteúdo seja útil para o entendimento ainda maior do nosso processo civilizatório e seus correspondentes desafios.

Jacques Marcovitch
Reitor da Universidade de São Paulo

II SEMANA DOS MUSEUS

QUANTOS ANOS FAZ O BRASIL?

A pergunta pode parecer desconcertante, na medida em que se propala, já há bom tempo pela mídia, que ele faz 500 anos. Todavia, o corte temporal que lhe dá esta idade deve ser relativizado na medida em que o homem iniciou o processo de ocupação do espaço territorial, hoje integrado pelo país, há milhares de anos. Nada mais eloqüente do que a própria carta de Caminha ao Rei de Portugal falando dos habitantes da terra da qual acabavam de tomar posse. Aquele encontro assinala, assim, o início da América Portuguesa, que durou cerca de 300 anos. Portanto, quantos anos faz o Brasil? A resposta a esta indagação pode incorporar tanto um período de tempo que extrapola muito o advento da América Portuguesa, como pode incorporar um espaço de tempo menor. A idade do Brasil vai depender do critério do corte temporal e do conjunto de fatos que se pretende valorizar.

O presente livro tem por objetivo informar o leitor sobre a potencialidade de um diversificado conjunto de acervos museológicos que se encontram à disposição dos interessados nos quatro museus da Universidade de São Paulo, a saber, o Museu Paulista, o Museu de Zoologia, o Museu de Arqueologia e Etnologia e o Museu de Arte Contemporânea.

A Universidade de São Paulo, desde a sua fundação, reconheceu em sua organização o significado dos museus, incluindo-os na relação dos Institutos Complementares. Progressivamente eles foram sendo valorizados, o que significou uma disciplina estatutária que os definiu como Órgãos de Integração, cujo trabalho de pesquisa, ensino e extensão deve ser feito a partir das motivações oferecidas pelos acervos sob uma perspectiva inter e transdisciplinar.

A pesquisa feita nos museus é ainda uma importante fonte de enriquecimento de seus acervos, o que é mais facilmente visível no campo da zoologia, da arqueologia e da etnologia, mas que também acontece no campo da história e das artes.

Estes acervos museológicos constituem-se em fonte fundamental para o conhecimento de nosso presente e nosso passado, fazendo a ligação entre a experiência pessoal com cada experiência das gerações que nos antecederam.

A passagem do século atual para o que nos aguarda – e, neste caso, esta mudança assinala também o advento do novo milênio – está sendo acompanhada, como bem assinalou Hobsbawm, pelo advento de uma mentalidade à qual parece bastar apenas o presente. Em nosso meio, particularmente, as deficiências na educação, em grande parte decorrentes da pauperização da rede pública de ensino, acompanhada pelos fenômenos de massificação cultural, estão produzindo gerações que parecem viver em um tempo amorfo ou neutro, em uma atemporalidade sem relação de dependência com o passado e sem diretrizes para o futuro.

É neste contexto que os museus da USP oferecem verdadeiras "janelas" que permitem reconstruir e reinterpretar o presente a partir de documentos materiais de diferentes aspectos, preservados em seus acervos.

A missão desses museus dentro da Universidade é, portanto, complexa, pois só se completará pela extroversão do conhecimento que encerram em seus acervos, o que implica forte interação com as outras unidades da Universidade e com a sociedade. São, por esse motivo, instrumentos fundamentais para o desenvolvimento de uma consciência crítica do presente ao permitir que se estabeleçam cortes temporais significativos para a compreensão da sociedade e do país.

São estes acervos e as múltiplas formas de interpretá-los que permitem respostas estimulantes à pergunta "Quantos anos faz o Brasil?". O importante é, como sempre tem sido na Universidade, a manutenção da abertura do espírito para novas indagações e novas respostas, o que é particularmente importante quando se reflete no significado de uma efeméride como a que motiva este livro.

Prof. Adilson Avansi de Abreu

SUMÁRIO

MUSEU PAULISTA

ACERVOS ENCOBERTOS: UNIVERSO DO TRABALHO

De acordo com o plano diretor vigente no Museu Paulista, a pesquisa institucional desenvolve-se em três linhas: Cotidiano e Sociedade, História do Imaginário e Universo do Trabalho. Esta última vem sendo abordada, sobretudo, no que tange aos ofícios urbanos e ao trabalho doméstico, isto é, àquelas atividades individuais ou corporativas mas não-fabris. É no universo da pequena oficina ou da casa, em que não se diferenciava espaço doméstico de espaço de labor, que se buscam respostas.

Define-se, a partir daí, um interesse preferencial por acervos como os de ferramentas, equipamentos de sapateiros e de chapeleiros, rocas, teares e máquinas de costura, ferros de passar (profissionais e domésticos) e materiais de construção, normalmente menos "prestigiados" do que as obras desde o início concebidas para serem apreciadas, como pinturas e esculturas ou objetos de aparato, como móveis e porcelanas de luxo, que já em seu tempo de uso serviam à exibição social.

Os conjuntos de equipamentos utilizados neste ou naquele ofício vêm sendo compreendidos em relação com cada etapa produtiva de uma atividade. É o caso, por exemplo, daqueles acervos relacionados à mineração no século XVIII: coletar, lavar, selecionar, guardar, transportar, comercializar minérios; cada etapa do trabalho exige um instrumento específico. Assim, pretende-se alcançar não apenas a história da técnica, mas lançar luz sobre o homem – que define suas necessidades (de todas as ordens), inventa ou aprende e *e-labora.*

Num outro âmbito, a engenharia, os ofícios da construção e os inventos de vanguarda focalizam figuras de proa como o engenheiro Bezzi ou o inventor Santos Dumont, sob a perspectiva do trabalho – e do trabalho pioneiro.

Um outro tipo de trabalho, não-fabril mas não-individual, que tem sido objeto de estudos no Museu Paulista é aquele desenvolvido no seio de corporações ou organizações públicas, como a Guarda Nacional, a Força Pública, o Corpo de Bombeiros, o Serviço Sanitário. Uniformes, equipamentos e veículos como fontes escritas e fotografias são documentos para pesquisas visando compreender aspectos da história social do trabalho institucional organizado. Neste mesmo sentido, uma linha particular de coleta de acervos vem se voltando para objetos e equipamentos usados no próprio Museu Paulista, ao longo de sua história.

Última menção deve ser feita aos enfoques sobre as formas de representação do trabalho. Nesse caso, a preocupação recai sobre a materialização de noções diferenciadas de trabalho e aquelas a ele relacionadas como corpo, tempo, tecnologia, progresso, identidade, entre outras, e que podem ser apreendidas a partir da análise de objetos, textos e imagens.

Mas, além dos tipos de acervos já mencionados, que de forma mais evidente são relacionados ao universo do trabalho, qualquer objeto ou imagem pode ser compreendido como artefato e, assim, como resultado de trabalho. Todo item de acervo comporta infinitas dimensões, tudo dependendo não exclusivamente de seus atributos físicos, mas das perguntas que se colocam e das relações que se estabelecem com outros elementos, contextos e conhecimento histórico.

As atividades de catalogação de acervos são preliminares a qualquer pesquisa, já que representam o levantamento de dados sobre cada item. Nessa etapa, cumpre examinar cada peça em sua qualidade de artefato, isto é, em sua confecção, emprego de materiais e técnicas, e contextos de produção e uso. São atividades silenciosas, de bastidor, que, quando bem realizadas, potencializam todo o acervo.

Assim, pinturas, fotografias, esculturas, móveis, porcelanas, vestuário, brinquedos, moedas, medalhas, todo o acervo, enfim, pode ser visto ou revisto sob o aspecto, geralmente encoberto, do trabalho. Individual, corporativo, manufatureiro ou industrial, analisar os acervos sob a óptica de sua confecção e contexto social de produção é um dos desafios que vem estimulando a pesquisa no Museu Paulista. Desvelar, descobrir – e dar a descobrir.

OFÍCIOS URBANOS

FERRAMENTAS: DIMENSÕES HISTÓRICAS E SOCIAIS

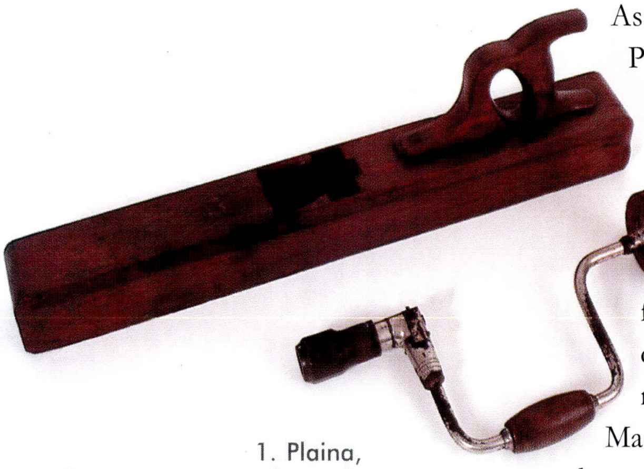

1. Plaina, instrumento complexo, de madeira com lâmina de ferro, tamanho variável, usado para o nivelamento da superfície da madeira. 15 x 7,5 x 60 cm / Arco-de-pua com catraca, de ferro e madeira, também chamada de furadeira de prumo. 35 x 17 cm. Início do século XX. Instituto Borges de Artes e Ofícios de Itu (SP). Acervo Museu Paulista da USP. Fotografia de José Rosael.

Associando arte e técnica[1], as ferramentas conservadas no Museu Paulista permitem a abordagem de problemas históricos que superam a visão evolutiva daquilo que se convencionou chamar de história do trabalho e da tecnologia[2].

O estudo de tipologias, morfologias e funções possibilita a recuperação do lugar ocupado por esses utensílios nas cadeias operatórias que sustentam os processos de fabricação manual e revela as maneiras pelas quais a adequação das ferramentas ao corpo humano ensejou a transformação de materiais retirados da natureza, a exemplo da madeira e da argila. Mas, esse mesmo ponto de vista, que reiteradamente tem respaldado o pressuposto de que a incorporação de máquinas e automatismos ao universo da produção representou a obsolescência e abandono das práticas artesanais, conduz a uma outra linha de reflexões quando se constata, ainda hoje, a presença em grandes centros urbanos, como a cidade de São Paulo, de artífices e artistas que se dedicam à confecção e conserto de objetos de uso e de adorno, como pode ser observado nas oficinas de marcenaria e carpintaria, nas serralharias e nas lojas de sapateiros[3].

O uso contemporâneo de plainas, arcos-de-pua, formões e goivas, por exemplo, além de suscitar interrogações sobre a permanência de saberes, experiências e procedimentos tradicionais em um mundo dominado pela massificação da produção e do consumo e pelo rápido descarte dos objetos, aponta para a dimensão quase sempre esquecida da figura do artesão[4].

Obscurecidas pelo trabalho escravo no período colonial e durante o século XIX e postas em plano secundário no século XX, em razão do privilegiamento do sistema fabril e da formação da classe operária, as esferas de atuação de artífices e artistas na sociedade brasileira são pouco conhecidas. Também está para ser desvelada a trajetória histórica desses protagonistas, tanto em termos das significações das corporações de ofício durante a colonização quanto no tocante à reconstituição do estatuto social dentro do mercado de trabalho livre no Brasil.

Artistas e artesãos formam os elos históricos que possibilitam o desvendamento das articulações entre ferramentas, técnicas de fabricação e objetos acabados. São essas

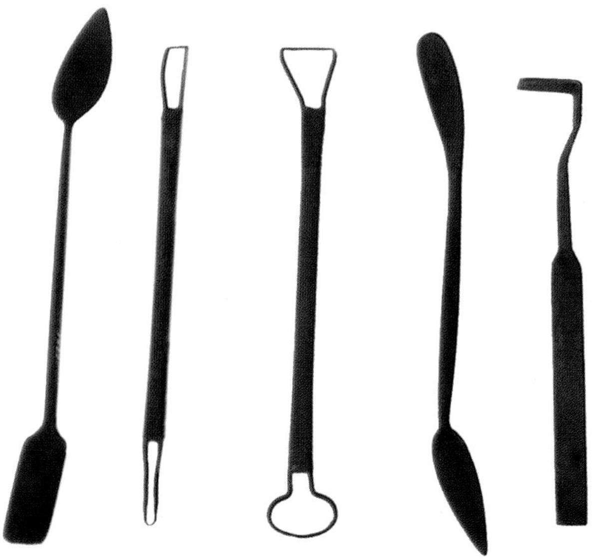

2. Instrumentos para cerâmica e argila. De metal. 2,5 x 19 cm. São espátulas com diferentes formatos usadas para a confecção e decoração de objetos produzidos na roda de oleiro. Início do século XX. Instituto Borges de Artes e Ofícios de Itu (SP). Acervo Museu Paulista da USP. Fotografia de José Rosael.

articulações que podem revelar os sentidos históricos, sociais e culturais inscritos, simultaneamente, nos instrumentos de trabalho e nas obras a que deram origem. Recupera-se por essa via a memória de sujeitos sociais que permaneceram e permanecem obscurecidos, reabilitados nas enriquecedoras vinculações entre diferentes acervos museológicos, como é o caso da arte da carpintaria e da marcenaria e a coleção de mobiliário referente ao século XVIII e, especialmente, ao século XIX. Em vez de o olhar enfocar tão-somente a utilidade, as características e a funcionalidade das canastras de viagem do século XVIII ou então os efeitos estéticos de móveis torneados e minuciosamente entalhados e decorados para servir ao gosto e exigências das elites do século XIX, desdobram-se observações e pesquisas para buscar o modo de confecção, o saber-fazer que os engendraram e as atividades de quem os executou.

É no campo de estudos da fabricação manual de móveis e utensílios de madeira que se situa a principal coleção de ferramentas do Museu Paulista. Trata-se de um conjunto formado por 112 peças e 21 fragmentos de peças, datados das primeiras décadas do século XX, e que, originalmente, foram utilizados para o ensino profissional de crianças e jovens que freqüentavam o Instituto Borges de Artes e Ofícios da cidade de Itu, São Paulo (Foto 1). Pertenceram a essa mesma instituição os 58 instrumentos que compõem a coleção referente aos trabalhos em cerâmica e argila (Foto 2).

Móveis: estilos e relações culturais

3. Leito-cômoda em estilo regional. 1º quartel do século XIX. De cedro e jacarandá. 110 x 186 x 75 cm. Despojado, foi modelo de grande difusão no Vale do Paraíba (SP). Acervo Museu Paulista da USP. Fotografia de José Rosael.

O "móvel de estilo" é aquele que obedece, em sua confecção, a determinados cânones estabelecidos como padrão. São concepções que determinam estrutura, forma, ornamentos e materiais a serem usados nos móveis. E também o tipo de mobiliário a vigorar. Podem ser vistos como questão de gosto, de moda e até frivolidade. Podem, entretanto, ser tratados como documentos históricos reveladores de seu tempo e lugar, expressões de conjunturas socioculturais com enraizamentos amplos e profundos.

Nos 500 anos que vão se completando, o Brasil recebeu os modelos europeus, assimilando-os de um lado, modificando-os de outro. Durante o período colonial, o modelo da época era o português. Sucederam-se os reinados, e com eles os estilos. No final do século XVIII e início do XIX podia-se já detectar a existência de móveis expressivos da cultura nacional. É o caso do leito-marquesa ou leito-cômoda, típico da região do Vale do Paraíba, de uso bastante difundido, do qual o Museu Paulista tem um exemplar (Foto 3)[5].

Ao longo do século XIX, com as mudanças políticas e a crescente expansão econômica de outros países europeus, o Brasil passa a importar um sem-número de produtos da

Inglaterra e, com eles, novos hábitos e modos de vida, e, assim, modelos para confecção de mobiliário. A França, vista e assimilada na própria Europa como capital cultural, estende raios de influência por todo o mundo ocidental. Neste quadro, os estilos de mobiliário adotados oficialmente nesses dois países – e isto, até o final do século XIX, era uma questão de Estado ligada às imagens nacionais – são os que encontrarão maior difusão no Brasil.

Em alguns casos, a aristocracia trazia móveis da Europa. Em outros, eram utilizadas as fórmulas estilísticas em vigor, adaptando-as às madeiras e aos usos nacionais. O aproveitamento não-rigoroso das orientações oficiais inglesas e francesas e, por vezes, sua associação às tradições brasileiras, gerou uma série de móveis híbridos no estilo e originais no resultado.

Talvez o Brasil tenha mesmo precedido, sem pretensão ou teoria, a onda do estilo eclético que vigorou na Europa no final do século XIX e que recomendava as citações a estilos anteriores, na série de neos que invadiu as criações estilísticas do período. Desprezado pelos puristas, o ecletismo por muito tempo foi deixado de lado pelos estudiosos para ser agora revisto. No Brasil, talvez tenha sido o estilo mais afim com a cultura nacional.

No primeiro quartel do século passado, podia-se encontrar uma sóbria mobília para sala de visitas, em estilo inglês Regência, na residência do Brigadeiro Luís Antônio, situada na esquina da rua de São Bento com rua do Ouvidor (atual José Bonifácio). Pouco depois, uma cama de luxo, trazida de Paris e confeccionada por um dos fornecedores da aristocracia francesa – os ebanistas Bellangé et Fils – ornava um dos cômodos do solar da Marquesa de Santos, na rua do Carmo (hoje museu, na rua Roberto Simonsen) (Foto 4). Essas peças, que certamente constituíram exceção no mobiliário paulistano, mas podem ter servido, de algum modo, como referência, integram agora o acervo do Museu Paulista.

4. Leito de nogueira com ornamentação de bronze, que era usado com dossel e cortinado. 140 x 214 x 147 cm. Foi confeccionado em Paris por L. Bellangé et Fils, no estilo Império francês, que comportava motivos inspirados nas descobertas arqueológicas egípcias da época. Acervo Museu Paulista da USP. Fotografia de José Rosael.

Quem foram os artesãos de São Paulo no século XIX e como elaboraram e reelaboraram as questões de estilo é algo pouco ou quase nada estudado. Muito há ainda por *descobrir.*

Nos almanaques comerciais da segunda metade daquele século, registram-se marceneiros, carpinteiros, entalhadores e casas de mobília. A presença de alguns "alugadores de mobílias" indicam, talvez, que a confecção de móveis não atendesse a toda a demanda; ou que houvesse uma demanda de outro tipo, possivelmente correspondente a moradores temporários ou sazonais, numa cidade que ainda era, a esse tempo, local de passagem para viajantes e de estadias curtas para fazendeiros.

No último quartel do século passado, difunde-se, cada vez mais intensamente, a idéia da educação como pilar da construção nacional. Vê-se, inclusive, essa construção fisicamente, nas remodelações urbanas e arquitetônicas pelas quais a cidade começa a passar. Dentro de um programa pragmático de administração pública, sente-se cada vez mais necessidade de formar mão-de-obra especializada tanto para as empreitadas urbanísticas como para a construção de novas residências e de seu aparelhamento.

A província de São Paulo abraça a causa talvez como nenhuma outra no país e são fundados, então, vários centros de formação técnica, embebidos na ideologia do progresso e no ideal de tornar a capital uma cidade desenvolvida, à européia.

Em 1875, no aniversário da cidade, inaugurava-se o Instituto Dona Anna Rosa, até hoje existente. Iniciativa particular, foi fundado com o legado de Anna Rosa de Araújo e sob os cuidados do Barão de Souza Queiroz. Tinha a finalidade de dar instrução e formação técnica para meninos pobres. Entre os ofícios ensinados, o de marceneiro. Nos anos de 1970, num outro legado, agora deixado para o Museu Paulista, Dona Olga de Souza Queiroz, neta do Barão, doou alguns móveis fabricados no Instituto. Outras instituições foram criadas, incluindo até as penitenciárias nesse ofício.

O Liceu de Artes e Ofícios, altamente fomentado no início do período republicano, foi um dos mais importantes centros de formação da capital, tendo entre suas disciplinas, a marcenaria.

Há grande dificuldade, se não impossibilidade, de se identificar o artesão da maioria dos móveis produzidos em São Paulo no século XIX. Estudos em andamento e outros ainda por vir certamente irão revelar muito do que ficou obscurecido pelo tempo. O acervo de mobiliário do Museu Paulista reserva, por certo, muitas *descobertas* para pesquisadores da cultura material.

Equipamentos de iluminação:

O prolongamento do trabalho diurno

O mundo do trabalho no período colonial prosseguia noite adentro. Logo que escurecia, continuava nos engenhos a fabricação de açúcar, da aguardente e da farinha, e na casa-grande as tarefas na cozinha ou as atividades de devoção no oratório... Assim, havia necessidade de muitas luzes. As primeiras e mais rudimentares formas de iluminação nos tempos coloniais foram as tochas e os archotes, feitos com tiras de madeira de pau-d'arco amarradas com cipós ou com galhos de canela-de-ema, de preferência madeira resinosa, ou chifres de boi repletos de graxa ou sebo. Havia também candeeiros de óleo de baleia, compostos de três ou cinco luzes. Tais peças iluminaram engenhos no Brasil desde o século XVI, assim como as tochas de pau-d'arco, que se acendiam na falta do óleo. Nos ofícios religiosos das capelas eram utilizadas as tochas com incenso. As velas de cera de abelha ou de sebo eram trazidas de Portugal ou fabricadas aqui como parte das ocupações domésticas cotidianas.

Do século XVI ao XIX, 90% do óleo da baleia ou de peixe destinava-se à alimentação das candeias e dos candeeiros e, posteriormente, dos lampiões. Até o advento do petróleo e seus derivados para iluminação, além do óleo de peixe, usavam-se grandes quantidades de matérias obtidas de plantas oleoginosas, e, em menor escala, da banha e do sebo de animais. O azeite-doce ou de oliveira, o óleo de amendoim, o de coco, o de mamona ou "carrapato" e o de jandiroba eram os óleos vegetais mais empregados na iluminação por produzirem menos cheiro e fumaça. No interior, consumia-se de preferência o óleo de mamona e, no litoral, o de baleia. Em São Paulo, no século XVIII, empregava-se o óleo de baleia produzido nos postos baleeiros paulistas, entre os quais a Armação de São Sebastião, em Ilhabela.

Os objetos de iluminação mais comuns na Colônia eram as tigelinhas de barro, lamparinas e candeias também de barro ou de ferro fundido ou batido, candeeiros e lampiões de cobre ou latão. O funcionamento era simples: o óleo, depositado em um recipiente, alimentava o rústico pavio de fio de algodão torcido, em cuja extremidade brilhava a chama. O primeiro teatro de São Paulo, da metade do século XVIII, foi iluminado com archotes e velas. As velas ardiam em castiçais de arame, de latão ou prata, geralmente protegidas por mangas de vidro ou cristal.

As lâmpadas de azeite de baleia amenizaram as noites de Salvador até meados do século XIX. No Rio de Janeiro, archotes ou lampiões, carregados por escravos, possibilitavam

5. Castiçal de cobre também chamado de "palmatória", estilo colonial setecentista. No bocal, uma grande aba. Possui alça. Cabreúva (SP). Século XVIII. 12 x 13 cm. Foi utilizado na antiga Câmara de Jundiaí (SP). / Candeia de latão. Prato redondo sobre três pés, cálice circular com três bicos e tampa circular com moldura larga. Três correntes com acessórios: pinça com dois dentes, pinça simples, baldinho e apaga-chama. Século XVIII. 50 x 13 cm / Base de cristal branco para manga. Base e meio da coluna trabalhados em alto-relevo, formas ovaladas. No alto, bocal de metal. Século XIX. Altura: 23,4 cm / Candeia de latão com quatro bicos. Portugal. Século XVIII. Origem árabe. Possui uma base, haste roliça, com graduação do depósito de óleo. Altura: 39 cm. Acervo Museu Paulista da USP. Fotografia de José Rosael.

a caminhada noturna. A escuridão das ruas era atenuada pelos candeeiros acesos junto aos nichos de santos das residências ou oratórios colocados nas esquinas. De iniciativa privada, o custo do azeite era rateado entre os vizinhos. Em São Paulo, chegaram, em 1828, os primeiros lampiões de azeite de mamona e de peixe para a iluminação pública. À luz do óleo de mamona, de amendoim ou de baleia trabalhavam, à noite, os soldados nos quartéis e fortalezas, os marinheiros nos barcos e os vereadores nas sessões das Câmaras municipais do Brasil colonial[6].

A coleção de peças de iluminação do Museu Paulista é muito variada e composta de mais de 50 itens, como as espevitadeiras com suas bandejas, as mangas de vidro ornamentadas e as lanternas externas. Entre os objetos do século XVIII, encontram-se candeias de ferro, de cobre ou de latão, alimentadas pelo óleo de baleia ou de "carrapato" (mamona), e o mancebo, coluna de madeira que sustentava a candeia no interior das habitações. Tocheiros, castiçais e lanternas também faziam parte do equipamento das igrejas e oratórios externos. As casas mais abastadas compravam o

6. Mancebo de madeira, com quatro pés. O candeeiro ficava preso por uma haste de madeira oblíqua, na parte superior. Minas Gerais. 120 x 30 cm. / Candeia de ferro. Base circular com borda alta, bico e alça curva denteada para regulagem. Haste de sustentação encaixada na alça por um retângulo dobrado e chapa trabalhada na extremidade. 14,5 x 6 cm / Candeia de latão. Base circular com borda alta e bico. Alça curva parafusada na base com demarcações para regulagem. 14 x 9 cm. Século XVIII. Acervo Museu Paulista da USP. Fotografia de José Rosael.

azeite de oliva vindo de portugal. As peças do século XIX são mais elaboradas e fazem parte de conjuntos de ornamentação e serviços de jantar, como os candelabros de prata dourada com quatro braços, que pertencem à Coleção Campos Sales (Fotos 5 e 6). Nas casas mais ricas, a fim de proteger a chama das velas ou dos pavios de algodão torcido, surgiram as mangas de lampiões, de candelabros e de lustres. No Museu, encontra-se um exemplar antigo de lampião à vela. Lampadários com as respectivas correntes e lamparinas também fazem parte da coleção. As forma e os materiais destas peças são as mais variadas possíveis, incluindo-se algumas peças com formas ou materiais "extravagantes": castiçal de cobre com duas bengalas cruzadas e uma cartola; castiçal de marfim com pinturas de flores e abelhas; lustres, candelabros e castiçais feitos de chifres de animais e gesso; uma lanterna portátil no feitio de pistola; dois candelabros feitos de uma seção de culote de granada Shrapnel, espoletas de granadas 75 e balas de fuzil Lébel, além de dois candelabros antropomórficos. Dos acessórios mais recentes, destacam-se ainda quatro porta-caixas de fósforos.

Equipamentos de mineração: sempre uma esperança, o ouro

7. Vista da exposição dos objetos relacionados com a mineração, no subsolo do Museu Paulista. Duas bateias de madeira, utilizadas no processo de lavagem. Movimentadas de maneira circular, permitiam que o ouro ficasse depositado no fundo, facilitando a retirada. Os almocafres serviam para escavar e movimentar a terra e o cascalho. Acervo Museu Paulista da USP. Fotografia de José Rosael.

Portugal sempre esteve interessado por metais preciosos, desde o início da colonização. As primeiras jazidas vão ser descobertas somente em fins do século XVII. Na região de Cataguás, Minas Gerais, em 1693, Antônio Rodrigues Arzão descobriu o ouro. Convém lembrar que, em São Paulo, no século XVI, exploraram-se minas de ouro nas regiões do morro do Jaraguá, Apiaí e Iporanga, mas a quantidade encontrada não era significativa, nem a qualidade muito boa. Depois outras jazidas foram descobertas, e não só de ouro, mas também de pedras preciosas, estendendo-se a exploração para as regiões de Goiás e Mato Grosso, nos séculos seguintes.

8. "Mineração do Ouro" de Franta Richter (?). Óleo sobre tela. Década de 1930. 117 x 108 cm. Desenho original de John Moritz Rugendas "Lavagem de Ouro" (próximo a Itacolomi, Minas Gerais). As bateias e o couro para retenção do ouro em pó estão bem visíveis. As técnicas de uso do couro evidentes são a imersão nas águas e posterior retirada do pó com malhação. Mostra o cotidiano da mineração: a retirada da terra e do cascalho das minas, o transporte, o descanso, a alimentação, o abastecimento de água e a vigilância dos escravos. Acervo Museu Paulista da USP. Reprodução de Hélio Nobre.

Os estudos realizados por Ernani Silva Bruno, em inventários e testamentos de 1578 a 1750, mostram que aos habitantes de São Paulo dos séculos XVII e XVIII sempre restava a esperança de um dia encontrar e explorar o metal precioso, pois guardavam e transmitiam aos seus herdeiros os utensílios e ferramentas de mineração: marcos de pesar ouro, alavancas de ferro das minas, almocafres, bateias ou gamelas de lavar ouro[7]. Desses instrumentos, alguns, cuja proveniência nem sempre é clara, foram recolhidos ao Museu Paulista. Entre eles está um almocafre como sendo remanescente da exploração do ouro no Morro do Jaraguá. Balança e pesos também fazem parte do acervo, assim como o carumbé de cobre, outras duas bateias, três almocafres, moleque (barra imantada que era usada para separar o ouro do ferro) e tubos para guardar o ouro em pó (Foto 7).

O acervo conta ainda com gravuras e pinturas que registram as atividades nas minas. A maior parte das pinturas feitas a partir de 1920 reproduzem imagens deixadas pelos viajantes dos séculos XVIII e XIX, como John Moritz Rugendas, Jean-Baptiste Debret e Eschewege (Foto 8).

O CARRO DE BOIS: A EXTENSÃO DA FORÇA

O carro de bois surge já no início da colonização do Brasil transportando toras de pau-brasil para as feitorias e para os portos de embarque para Portugal. Os romanos introduziram o carro de bois em Portugal e os portugueses o trouxeram para o Brasil. No período colonial, o carro de bois foi um meio de transporte indispensável para os trabalhos do engenho. Transportava a matéria-prima, o combustível e os produtos acabados: carregava os feixes de canas para a moenda e a lenha para a fornalha; levava açúcar para a beira do rio, para o embarque; os fardos de algodão, sacos de farinha e até material de construção. Para fora do engenho, transportava caixas ou sacos dos produtos para os locais de embarque ou de consumo. Referência na vida cotidiana da época, o carro de bois chegou a servir de unidade de medida na venda de certos produtos: falava-se, por exemplo, em tantos carros de bois de lenha. Transformou-se no mais característico meio de transporte do engenho de açúcar.

Era construído aproveitando-se as madeiras das matas, em geral nos próprios engenhos, por carpinteiros especializados, muitos deles antigos carreiros. As duas rodas podiam ser compactas, como aquela representada no desenho da coleção do Museu, ou com as madeiras em raios, prendendo o eixo principal ao círculo externo. É interessante observar as diversas partes do carro: as peças encaixáveis, a variedade e a complexidade das madeiras utilizadas.

As juntas de bois são a força motriz do carro e recebem nomes específicos, dependendo do lado que ocupam. Os animais precisavam ser fortes, musculosos e dóceis para sustentar a marcha, arrastar o peso e atender às ordens do "carreiro" e do "candieiro", os condutores.

O eixo do carro, em atrito com os "cocões", emitia um som característico, provocado por pequenas peças de madeira chamadas "cantadeiras", untadas com pasta composta de sebo de boi e carvão moído ou o óleo de carrapato (mamona).

No período colonial este veículo chegou a servir famílias dos senhores dos engenhos que saíam para eventos sociais: visitas, festas religiosas ou qualquer outro tipo de passeio. Nessas ocasiões, caso um grande fazendeiro não tivesse um carro especial de passageiros, decorava-se o carro de bois com uma cobertura de folhas de palmeira ou de esteira, ou com uma peça de couro, recobrindo-o de baeta vermelha ou de chita com ramagens da mesma cor. Enfeitavam-se os fueiros com folhagens, conforme o

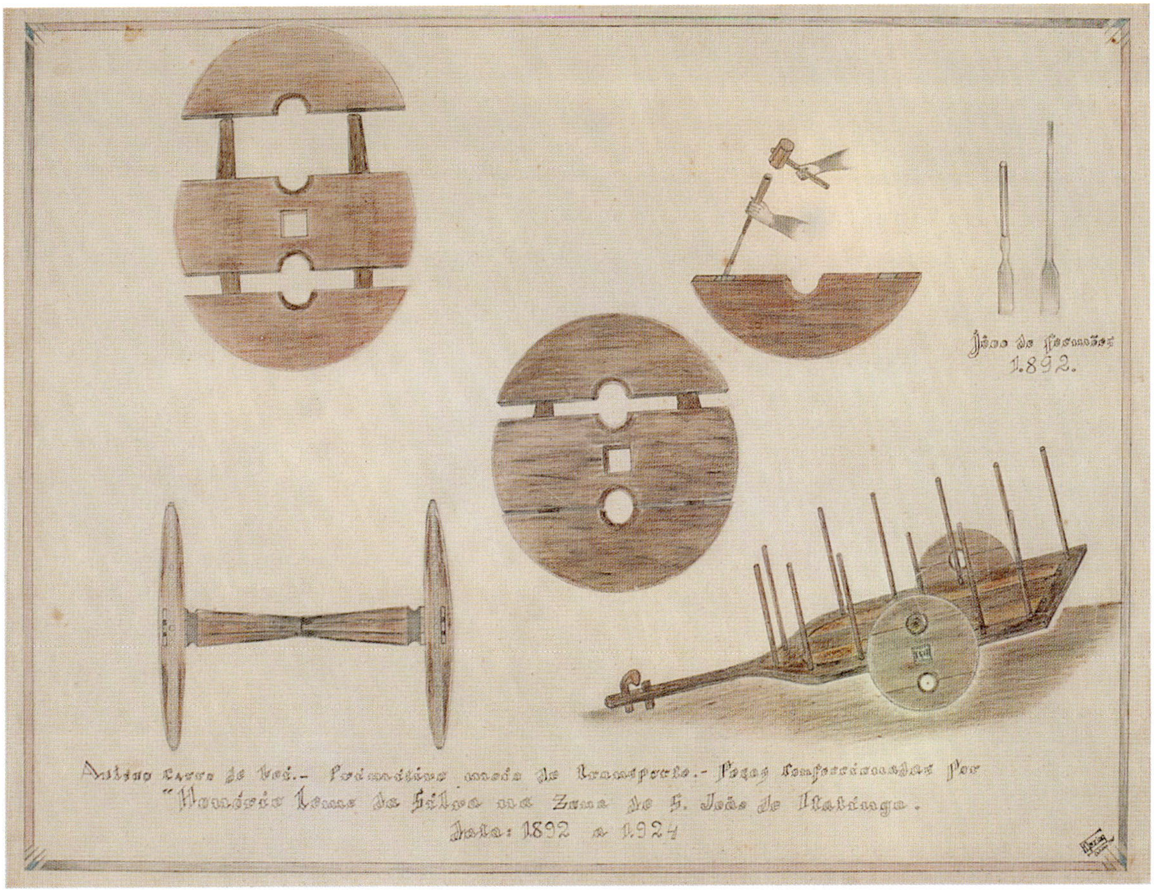

9. Antigo carro de bois. Primitivo meio de transporte. Peças confeccionadas por Honório Leme da Silva, na Zona de São João de Itatinga. Data 1892-1924. Desenho de Francisco de Almeida. Sem data. Grafite e lápis de cor sobre papel. 50 x 65 cm. São sete imagens: dois formões, um terço da roda sendo trabalhado com formão e marreta, dois desenhos de encaixe das três peças de madeira para formar a roda e as duas travessas, as rodas em posição frontal e o carro de bois pronto. Acervo Museu Paulista da USP. Reprodução de Hélio Nobre.

lugar a que se destinava a família, e a mesa do carro era amaciada com esteiras para dar mais conforto aos passageiros[8].

A coleção do Museu Paulista relacionada ao tema é bem pequena, conta com oito itens: prego antigo (pião de carro de bois); dois pregos de carro de bois; prego espigão de

10. Comboio de carros de bois, 1840, de Maria José Egas. Sem data. Óleo sobre tela, assinado Z. Egas. 50 x 65,3 cm. Acervo Museu Paulista da USP. Reprodução de Hélio Nobre.

carro de bois; Carro de bois (miniatura) de Mansueto Batista, procedente de Araras, São Paulo; desenho a lápis de cor de um carro de bois e três formões usados na sua fabricação. O desenho reproduz os instrumentos de trabalho, as peças confeccionadas com os encaixes, as rodas em posição frontal e o veículo pronto (rodas, o assoalho e as estacas), que, segundo a inscrição, teriam sido feitas por Honório Leme da Silva, da região de São João de Itatinga, em São Paulo.

O Museu Paulista possui pinturas e gravuras que trazem imagens de carros de bois, algumas remontando a meados do século XIX e outras ao início deste século. Na pintura de Maria José Egas, *Comboio de carros de bois, 1840*, os carros apresentam as mesmas características do desenho de Francisco de Almeida (Foto 10).

O carro de bois, circulando desde o século XVI pelo Brasil, sobreviveu por mais tempo do que o senhor da casa-grande, pois ainda é encontrado freqüentemente nos meios rurais.

TRABALHOS DOMÉSTICOS

Fiação, tecelagem e costura: nas tramas da história e da memória

11. Roca de fiar. Fim do século XIX. De madeira e ferro. 86 x 30 x 85cm. Franca, SP. Esteve em uso até a década de 1920. Acervo Museu Paulista da USP. Fotografia de José Rosael.

A conformação de um campo de estudos voltado para a problematização dos universos femininos na sociedade paulista e brasileira do século passado e deste século implica o delineamento de um outro olhar sobre a documentação disponível[9].

Ao lado da recuperação de registros dispersos e da preocupação em tornar visível o que durante muito tempo permaneceu encoberto, é essencial questionar os fundamentos de omissões e esquecimentos. Ampliar o leque de fontes históricas pode contribuir, entre outras circunstâncias, para a reconstituição dos espaços ocupados pela mulher; para a compreensão dos papéis que desempenhou e vem desempenhando no âmbito doméstico e na esfera pública; e para a investigação das representações sociais que cercaram e ainda cercam a figura feminina. É nesse sentido que se torna importante conhecer a coleção de instrumentos de trabalho ligados à fiação, à tecelagem e à costura. Composta por 47 peças, esta coleção agrega almofadinhas para alfinetes, caixa para linhas, agulheiros, réguas, esquadro, dedal, bilros, rocas e fusos, máquina de tricô, máquinas de costura manuais e máquina de costura elétrica e portátil. Abrange utensílios que datam, aproximadamente, de meados do século XIX às primeiras décadas do século XX, produzidos localmente, como rocas e fusos, ou importados, como é o caso das máquinas de costura (Fotos 11 e 12).

A contextualização histórica desses objetos envolve ainda a análise do circuito de produção, comercialização e consumo no qual se inseriam bem como as particularidades dos processos que regiam sua fabricação. Além disso, novos conhecimentos poderiam ser elaborados sobre as técnicas artesanais da confecção de tecidos, vestimentas e adereços, o que remete às tradições culturais e a um saber-fazer pautado na oralidade de sua transmissão. No caso de São Paulo, a importância das práticas domésticas de fiação e tecelagem foi atestada desde o início da colonização[10]. No entanto, interrogações como estas, e que se debruçam, sobretudo, sobre a história das técnicas, configuram apenas duas das possíveis dimensões investigativas suscitadas por esse acervo.

12. Máquina de costura. Sistema manual-manivela com pegador de madeira. Corpo de metal com chapas laterais ornamentadas com desenhos geométricos e florais. 27 x 21 x 44 cm. Estados Unidos. Segunda metade do século XIX. Acervo Museu Paulista da USP. Fotografia de José Rosael.

13. Agulheiro. De prata e tecido com enchimento, no formato de um sapato feminino em miniatura. 2,8 x 6,5 cm. São Paulo. Segunda metade do século XIX. Acervo Museu Paulista da USP. Fotografia de José Rosael.

Rocas, fusos, agulheiros e máquinas de costura podem ser interpretados como contundente expressão da vinculação, histórica e culturalmente formulada, entre a mulher e os espaços privados, especialmente a casa, assim como da representação de um atrelamento "natural" entre a mulher e o universo doméstico, no qual, junto com a criação dos filhos, havia o conjunto de tarefas para a manutenção da vida familiar[11]. É por essa via que os utensílios pertencentes a essa coleção referenciam fragmentos da condição feminina, desvelando atividades essenciais, mas excluídas de visibilidade. Além disso, conservam outra especificidade: em razão historicamente do fato de fiar, tecer e coser estarem mais identificados com o gênero do que com a classe social[12], possibilitam a problematização da figura feminina tanto no âmbito das elites – de mulheres ricas, senhoras da casa, que comandavam escravos e/ou empregados, mas que haviam aprendido a tecer, costurar e bordar e para isso se valiam de objetos delicados e finamente decorados – quanto no das mulheres pobres e remediadas que buscavam a sua sobrevivência e a de suas famílias em múltiplos expedientes, recorrendo principalmente à costura e à tecelagem (Foto 13)[13]. Referenciam, igualmente, vestígios da memória de mulheres que viveram em momento histórico singular, das quais pouco ou nada se conhece posto que anônimas, mas que deixaram no mundo das coisas registros de uma história que ainda está para ser descoberta.

Ferros de passar: instrumentos da cultura de aparências

Ao longo da formação do acervo de objetos do Museu Paulista, os ferros de passar foram discretamente aparecendo. Objetos escuros e pesados, saídos de cômodos domésticos ou das oficinas de alfaiates e costureiras, permaneceram por muito tempo nos bastidores da história, enquanto porcelanas brilhavam nas mesas dos senhores de elite, nos livros especializados e nas vitrinas reservadas para elas nos museus...

As descobertas feitas pelos historiadores de todo um mundo silencioso diante dos grandes personagens, com nomes famosos e atos heróicos, permitiram que outros mundos fossem percebidos, entre eles, o da casa, o da criada, o das cozinhas, o das costureiras, enfim, o do trabalho feminino.

Instrumentos dos labores diários da mulher não pertencentes à elite social foram os ferros de passar de estufa, a carvão, a cunha e, mais tarde, ainda no século XIX, coexistindo com os demais, os ferros de passar a querosene, a gás, a álcool, a água quente e, então, já no início do século XX, o ferro elétrico.

Passeando pelo século passado, de onde provém quase todos os ferros de passar mantidos no Museu Paulista, – 84 exemplares pertencentes à magnífica coleção de Fernando Cerqueira Lemos doada ao museu pelo proprietário em 1996 – é possível que o olhar se detenha sobre estas peças que exigiram não somente força como habilidade de seus usuários.

Os ferros de estufa eram aquecidos em estufas alimentadas por carvão em brasa. Blocos maciços de ferro, produzidos com porte e peso menores para o uso das passadeiras domésticas, chegavam a ter mais de dez quilos quando utilizados pelos alfaiates. Foram largamente comercializados, chegando a ser vendidos ainda por volta de 1930, ao lado dos ferros elétricos. Interessante é perceber as transformações morfológicas dos ferros de estufa de acordo com as necessidades dos diferenciados contornos das peças de indumentária. Para mangas e pregas desenvolveram-se ferros de formato longo e afilado, para alisar abas de chapéus desenharam-se peças estreitas e curtas.

Ferros ocos, caracterizados por terem fonte interna de calor, foram os ferros a cunha e a carvão. O ferro a cunha (de ferro, bronze, latão, cobre ou até de prata) utiliza-se de uma cunha ou lingueta de ferro ou pedra que, aquecida, é introduzida em seu interior. Contemporâneos dos ferros a carvão, eram mais práticos, mais leves e menos perigosos que estes concorrentes. Entretanto, por causa do alto custo, deixaram de ser fabricados.

14. Ferro de passar a cunha tipo Língua de Boi. De bronze. 10 x 18 cm. / Ferro de estufa (para engomar). De ferro. 9 x 14,5 cm. Século XIX. Acervo Museu Paulista da USP. Fotografia de José Rosael.

Os ferros a carvão atravessaram os séculos, apresentando tanto modelos simples quanto sofisticados, dotados de aberturas laterais e posterior (furos ou olhos) necessárias para a ventilação, ou ainda de pescoços (chaminés). Um dos exemplares da coleção do Museu Paulista traz um pescoço na forma de uma cabeça de leão, com a boca aberta. Outros apresentam pescoços voltados para a esquerda ou direita. Embora os ferros a carvão tenham também se transformado em peças decorativas, saindo de sua aplicação cotidiana para tornar-se objeto de decoração, continuam a ser vendidos e utilizados em várias regiões do Brasil e do exterior. Intrigante permanência esta do ferro a carvão: pesando entre 3 e 3,5 quilos, soltando fumaça e fagulhas que podem queimar o tecido ou as mãos da passadeira, sujando a roupa de cinzas e exigindo grande esforço muscular da pessoa que o utiliza, desafiam a "leveza", "praticidade" e "eficiência" do ferro elétrico ou até mesmo do moderno ferro a vapor (Fotos 14 e 14a).

A partir da segunda metade do século XIX, novas técnicas permitem a aplicação de combustíveis nos ferros de passar: gás, querosene, álcool. Por exemplo, o ferro a gás foi introduzido no Brasil em 1868 por Léger Palmer, cidadão francês que obteve do governo autorização para comercializá-lo no país. Por sua vez, os ferros elétricos aparecem entre nós a partir de 1914. Anúncios publicitários de revistas como *Fon Fon* ou *A Cigarra* apresentam-nos em meio a outras "inovações elétricas", como os fogões a gás.

14a. Ferro de passar a carvão com pescoço de leão. De ferro. 11 x 17 cm. Século XIX. Acervo Museu Paulista da USP. Fotografia de José Rosael.

Ferros de passar fazem parte do labor humano no cuidado de si e do outro. Cuidado este ligado diretamente ao vestir. Na rígida estratificação social que caracterizou a sociedade ocidental até há pouco mais de cem anos, às damas e cavalheiros da elite seria impossível solicitar que costurassem, engomassem ou passassem suas roupas. Este território era do domínio das criadas e escravas que se ocupavam de camisas e fartas saias, de punhos e colarinhos, de lavar, passar e... vestir. Do outro lado desta espécie de produção da elite estavam os alfaiates e as costureiras.

Assim, como aliado deste exército servil, encontramos os ferros de passar. Trata-se, como escreveu Diderot em 1751, de "instrumento de que se servem as lavadeiras e outros profissionais para alisar a superfície dos tecidos, das rendas, dos estofos e lhes dar consistência ao sair da lavagem". Com clareza, ele aponta para o universo social de quem utiliza o instrumento e permite indagar sobre as necessidades muito mais simbólicas do que funcionais de alisar os tecidos, enfim, de passá-los. Neste sentido, pode-se pensar numa dupla sociabilização contemporânea. Na atualidade, várias classes sociais passam suas roupas – embora não se deva deixar de levar em conta que, dependendo das condições financeiras, as pessoas contratem passadeiras profissionais ou levem suas peças às lavanderias. Ao mesmo tempo, como no passado, o homem contemporâneo se preocupa com a forma com que ele se apresenta ao outro: roupa sem passar, amarrotada, é símbolo de desleixo e até de pobreza. A aparência social, construída diariamente, tem seus critérios: passar a ferro a roupa que se usa é um deles.

Têxteis e outros: avessos, versos e contrários

15. Detalhe do avesso de um uniforme da Guarda Nacional. c. 1850. Cava esquerda. De cima para baixo: tecido de algodão estampado; tecido de linho; crina de cavalo; tecido de lã azul; manta de algodão; tecido de algodão não tingido. Acervo Museu Paulista da USP. Fotografia de José Rosael.

Uma possibilidade geralmente esquecida no estudo e pesquisa dos acervos e coleções é aquela apresentada pelo exame cuidadoso dos avessos, versos e partes internas dos objetos. Tecidos, móveis, brinquedos, tudo tem seu contrário, seu oposto encoberto: enxergar aquilo que foi produzido para não ser mostrado, para não ser evidente aos olhos (meus e dos outros) quase sempre traz uma enorme variedade de informações; *outras* informações.

No caso dos tecidos e objetos com eles produzidos, o estudo dos avessos é tão rico em sugestões e possibilidades de leitura quanto aquele das superfícies visíveis, quase sempre denominadas como lados "direitos" ou lados "certos", como se um pudesse existir sem o contraponto imediato do outro: da forma como os pontos de costura foram traçados, à habilidade de quem os fez; da escolha de padrões de forração ao acabamento; do uso da mão esquerda ou direita às variações e ruptura de padrões nos fechamentos. Escondidos sob forros acetinados, sedas, veludos, pranchas de mármore e metais de ligas nobres, quase sempre, encontram-se outros modos de fazer mais simples, outros materiais, outras preocupações. Este outro fazer, o fazer-avesso, se quase nunca é considerado como manifestação de uma outra sensibilidade ou estética, pode ser equacionado, ao menos, enquanto indicativo de qualidades paralelas, simultâneas: funcionais, rudes, opacos, deselegantes, mas muitas vezes, também, sutis, delicados e bem elaborados (Foto 15).

Estudar e expor[14] os contrários é antes de tudo compreender os materiais escolhidos, suas variações estruturais e seus matizes distinguindo neles aquilo que é estrutura, forma, característica daquilo que foi intervenção, manifestação direta do gosto e da técnica de quem os transformou.

TRABALHO E UNIVERSO TECNOLÓGICO

Coleção Santos Dumont: o cotidiano de trabalho de um inventor

Entre as coleções que permitem explorar o universo do trabalho tecnológico destaca-se a coleção Santos Dumont. Doada em 1932 pela família Dumont-Villares, a coleção reúne objetos, material iconográfico e manuscrito, uma pequena biblioteca (73 volumes), somando um total de 1 400 itens. Merecem destaque os objetos e fotografias relacionados com o processo de criação de Santos Dumont (1873-1932).

Ferramentas, instrumentos de desenho e medição, equipamentos para testes e simulações de suas tentativas de vôos, além de matérias-primas diversas utilizadas em seus dirigíveis testemunham o trabalho cotidiano do inventor. Esses objetos propõem uma outra abordagem da trajetória de Santos Dumont, capaz não só de reverter a imagem de inventor-gênio que normalmente se constrói em torno dos inventores mecânicos como também problematizar, à luz do contexto tecnológico do momento, a própria noção de invenção.

Uma análise tipológica e funcional das cerca de 900 peças que se referem ao seu processo de trabalho revela, de um lado, uma variedade de técnicas envolvidas na realização dos projetos aeronáuticos e, de outro, uma imensa diversidade de matérias-primas empregadas. Essas duas características permitem refletir sobre a dimensão deste universo tecnológico.

A presença de ferramentas de técnicas distintas remete a um conjunto de saberes ainda pouco especializado e passível de ser abarcado pela cultura humanística. A biblioteca de Santos Dumont é exemplar nesse sentido: manuais de navegação, elétrica, mecânica, fotografia, publicações sobre motores, compêndios de astronomia, física e eletroquímica dividem espaço com livros de arte, tratados de desenho e história. Para atender às necessidades de elaboração de seus inventos, a equipe coordenada pelo inventor desenvolvia e adaptava ferramentas e lançava mão de todo tipo de objeto que pudesse ser desmontado e reutilizado, como bicicletas, mecanismos de relógio, motores elétricos etc. Para tanto, seus trabalhadores precisavam dominar técnicas diversas como carpintaria, tornearia mecânica, mecânica aplicada e elétrica (Foto 16).

A diversidade de matérias-primas, por sua vez, é indicativa das práticas experimentais que deram ao século XIX a marca de século das invenções mecânicas. A pesquisa de materiais para a construção e revestimento dos dirigíveis (1898-1905) e

16. Equipe de trabalho de Santos Dumont finalizando o dirigível número 5. Arredores de Paris. Cerca de 1901. Albumina, sem autoria. 14,7 x 21,8 cm. Acervo Museu Paulista da USP. Reprodução de Hélio Nobre.

posteriormente dos aviões 14 Bis (1906) e Demoiselle (1909) levou Santos Dumont a testar diversos materiais de origem vegetal (tecidos e madeiras com destaque para o bambu) e, sobretudo, mineral, graças às novas ligas metálicas que vinham sendo desenvolvidas (folhas-de-flandres, de alumínio, fios de aço, de latão, chapas de níquel).

Finalmente, um conjunto de equipamentos fotográficos (máquinas, chassis, lentes e visores para diapositivos) e a própria coleção fotográfica de Santos Dumont, na qual predominam as imagens de seus dirigíveis e aviões em detalhes ou em vôos e acidentes, e do trabalho no interior de seu hangar, informam sobre a dimensão cultural deste universo tecnológico. Para além da história da tecnologia, a trajetória de Santos Dumont fornece elementos valiosos para entender como se deu a apropriação social de todas as inovações que vinham alterando o cotidiano do homem comum em fins do século XIX. E a fotografia neste contexto desempenhava

17. O dirigível número 5 saindo do hangar. Arredores de Paris. 1901. Albumina, sem autoria. 13,6 x 19,5 cm. Acervo Museu Paulista da USP. Reprodução de Hélio Nobre.

função importantíssima, capaz de explicar este novo mundo movido a motor que desafiava os limites humanos de velocidade (Foto 17).

Imagens de inventores e suas invenções mecânicas acompanhadas de textos extremamente didáticos eram comuns nos periódicos de variedades franceses da virada do século e, entre esses, Santos Dumont era um dos que gozava de assombrosa popularidade. Isso leva a pensar na importância de Santos Dumont não para a história da aviação propriamente, na qual ele pouco é citado, mas como paradigma capaz de facilitar as relações entre o homem e a tecnologia.

Vivendo em Paris às custas de generosa herança deixada por seu pai, Santos Dumont fazia parte da alta sociedade, desfrutando de atenções dignas de um artista. Seu comportamento em nada se assemelhava ao de um inventor preocupado em patentear seus inventos. Ele não mantinha suas experiências em segredo, como fizeram os irmãos Wright, por exemplo. Ao contrário, ele fazia questão de espetacularizar seus feitos. Era este tipo de comportamento que alimentava a popularidade de Santos Dumont, transformando-o em um ícone por excelência da modernidade. Transformado em símbolo da criatividade humana, Santos Dumont facilitou a aceitação de um mundo em constante mudança.

SERVIÇOS PÚBLICOS

EQUIPAMENTOS PÚBLICOS: VIDA URBANA E ORGANIZAÇÃO ESTATAL

O Museu Paulista possui um número significativo de documentos relativos a corporações e organizações urbanas – Guarda Nacional, Força Pública, Corpo de Bombeiros e Serviço Sanitário. As formas de institucionalização do trabalho podem ser compreendidas a partir da análise não só de textos, mas de objetos e imagens.

18. Uniforme de Guarda de Infantaria da Guarda Nacional. 2º Plano de Uniformes. 1852. Acervo Museu Paulista da USP. Fotografia de José Rosael.

Os estudos sobre uniformes e armas da Guarda Nacional e Força Pública são importantes para entender, por exemplo, a organização dos serviços de segurança pública em São Paulo e as funções das tropas militares e corpos policiais na segunda metade do século XIX. A Guarda Nacional foi uma milícia criada pelo governo imperial em 1831, mas organizada em cada município do Império. A Província de São Paulo teve seus corpos de guardas nacionais. A preservação apenas de uniformes de cerimônia e espadas de oficiais (peças não utilizadas em serviços e combates) indica uma possível preponderância das funções simbólicas da milícia sobre suas funções pragmáticas (Foto 18).

A Força Pública foi uma tropa policial-militar criada em 1905, surgindo da reorganização das forças policiais da Província, entre elas, principalmente, o Corpo Municipal Permanente, fundado em 1832. É nesta tropa que se encontra o uso efetivo de uniformes de serviço e combate e a utilização de armas de fogo de cano longo, como os fuzis, comumente encontrado nos exércitos europeus, que exigiam mais adestramento do corpo do soldado e disciplina das tropas.

Os equipamentos do Corpo de Bombeiros e do Serviço Sanitário introduzem outras questões sobre a implantação de serviços públicos em São Paulo, em particular, os novos recursos de que dispunha o Estado para intervir na vida social. Os carros-bomba para combate a incêndios fizeram parte de um lote de equipamentos estrangeiros adquiridos após a primeira organização do Corpo no município, em 1880. O Serviço Sanitário, implantado no final do século XIX, trocaria, em 1911, toda a sua frota de tração animal por automóveis. Estas aquisições e renovações mostram que havia um investimento governamental mais significativo nos serviços públicos, rompendo com padrões anteriores e transformando a organização estatal. No entanto, um carro do Serviço Sanitário, de fabricação italiana, mas com pneus norte-americanos e maquinário de desinfecção inglês, mostra que havia a necessidade de reaproveitamento de material em uso, indicando limitações importantes nas possibilidades de intervenção (Foto 19). A implantação do Serviço Sanitário, em especial, está ligada às práticas de higienização intensamente desenvolvidas no período, relacionadas aos fenômenos de disciplina e esquadrinhamento dos espaços públicos. Com relação aos equipamentos aqui considerados, estas práticas poderiam ser analisadas a partir da atividade de aplicação de substâncias desinfetantes nos logradouros públicos. Desde meados do século XIX já vinha ocorrendo um aumento da ingerência do Estado na vida urbana e a organização destes serviços demonstra como ela se acentuou posteriormente.

19. Carro do Serviço Sanitário do Estado de São Paulo. Posterior a 1911. Acervo Museu Paulista da USP. Fotografia de José Rosael.

Moedas: moedeiros e seu ofício na época das grandes navegações

20a. Real ou vintém de Dom Manuel I (1495-1521). Sem data, 19,1 mm.
20b. Real Português de Dom João III (1521-1557). Sem data, 24,1 mm.
20c. Vintém de Dom Sebastião (1557-1578). Sem data, 19,5 mm.
20d. Meio Tostão de D. Filipe II (1598-1600). Sem data, 23 mm.
Moedas de Portugal, de prata, do período dos descobrimentos, que circularam no Brasil. São cunhadas a martelo.
Acervo Museu Paulista da USP.
Fotografia de Hélio Nobre.

As coleções de numismática do Museu Paulista permitem um exame detalhado sobre o desenvolvimento do processo de fabricação das moedas desde o período greco-romano, passando pela Idade Média, até a atualidade. Aborda-se, aqui, a cunhagem em Portugal e, por continuidade, no Brasil.

A moedagem portuguesa começa no século XII com o reino de D. Afonso Henriques e a primeira Casa da Moeda de Portugal situada em Coimbra em 1140.

A partir da Revolução de Avis (1385), Portugal começou a reunir as condições necessárias para se lançar nas grandes navegações em busca do ouro e da prata. Na época dos descobrimentos, Portugal contava com um sistema monetário plenamente articulado e desenvolvido, com Casas da Moeda em várias cidades do reino como Lisboa, Porto e Évora e, depois de 1415, também na cidade de Ceuta, no norte da África.

O responsável pela cunhagem de moedas era chamado moedeiro. Inicialmente, ele participava de todo o processo, mas com o tempo surgem as especializações: "*numulari* (o que fazia a prova da moeda) ou *pecunia especulatoris* (ensaiador), provedor, tesoureiro, juiz de balança, cunhador, fundidor, fiel do ouro, guarda de cunho, abridor de cunho conservador e serralheiro"[15].

Os moedeiros eram recrutados entre os ourives e gozavam de grandes privilégios, como a dispensa da guerra, a isenção de pagamento de impostos, o direito a tribunal próprio e a prisão especial. Entre as diversas Corporações de Artes e Ofícios formadas durante a Idade Média, os moedeiros reuniram-se pela primeira vez na França, no século XII, originando a Corporação dos Moedeiros, de caráter religioso, que rapidamente se espalhou pela Europa. Seus componentes eram sagrados Cavaleiros, prestando juramento em uma cerimônia chamada Sagração do Moedeiro, na qual recebiam a Carta de Moedeiro, lavrando-se, então, a escritura do novo membro da Corporação. Em Portugal, a Corporação dos Moedeiros foi formada em 1324, durante o reinado de D. Diniz, e seus privilégios cessaram somente no século XIX.

A cunhagem de moedas parte de um disco de metal achatado, sobre o qual se imprime, nas duas faces, sinais previamente convencionados. Até 1678, em Portugal, a fabricação das moedas era feita por um processo manual e pouco eficiente. Neste processo eram usados um cunho de anverso, chamado pille, e um cunho de reverso, chamado trossel; uma bigorna ou tronco de árvore sobre o qual era fixado o cunho do anverso; um par de pinças para segurar o cunho do reverso sobre o disco de metal aquecido; um martelo, chamado flatoir, para bater em cima do cunho do reverso. Preparava-se o disco de metal derramando-se metal fundido em formas ou moldes ou achatavam-se bolas de metal a marteladas; depois aqueciam-se os discos para receber a impressão dos cunhos. Inicialmente os cunhos eram feitos de bronze endurecido e depois, mais resistentes, de ferro e aço. Os desenhos em cada cunho eram feitos com a ajuda de um cinzel de buril, em baixo-relevo e em negativo.

Eram necessárias perícia e destreza a esses homens que produziam verdadeiras obras de arte em miniatura. Quatro homens bem treinados cunhavam uma moeda por segundo: o primeiro pegava o disco de metal com a pinça e o colocava sobre o cunho do anverso; o segundo colocava o cunho do reverso sobre o disco; o terceiro batia o martelo e o quarto homem tirava a moeda pronta. As moedas cunhadas por este sistema são bastante irregulares e possuem características particulares (Foto 20).

Dom Pedro II, em Portugal, cuidando da boa qualidade do numerário e compreendendo que a perfeição era garantia contra as falsificações, adotou uma prensa para cunhar utilizada na França, denominada balancim, que permitia uma grande

a b c d

21a. Dois Vinténs de D. Pedro II (1683-1706), cunhada para Portugal, na casa da Moeda do Porto. Sem data, 16,9 mm.
21b. 640 Réis de Dom Pedro II, cunhada para o Brasil, na Casa da Moeda da Bahia. 1695, 38 mm.
21c. Cruzado Novo de Dom João V (1706-1750) cunhada para Portugal. 1750, 36,5 mm.
21d. 320 Réis de Dom João V cunhada para o Brasil, na Casa da Moeda de Pernambuco.1749, 31mm.
Moedas de Portugal e Brasil, de prata, cunhadas pelo Balancim.
Acervo Museu Paulista da USP.
Fotografia de Hélio Nobre.

regularidade nos exemplares. Esta prensa já havia sido utilizada em Portugal em 1561 pelo artista João Gonçalves, porém seu uso havia sido descontinuado por resistência dos moedeiros. Ainda no século XV foi inventada a virola ou colar, instrumento que prendia a moeda forçando suas bordas a se adaptarem ao contorno interno do colar no ato da cunhagem, permitindo a ornamentação do bordo a fim de evitar o cerceio, prática fraudulenta que consistia em limar o bordo das moedas e recolher pequenas quantidades de metal.

Foi esse balancim o instrumento usado nas casas da moeda do Brasil. O Museu Paulista possui exemplares em que se pode observar a regularidade das moedas cunhadas com este tipo de prensa (Foto 21). Inicialmente, o balancim passou de uma atividade braçal para ser movido por moinhos de água, depois, por cavalos e, após a Revolução Industrial, foi adaptado para utilizar a força a vapor. O balancim mais antigo que funcionou no Brasil, na Casa de Fundição de Sabará, data de 1680. Desde 1866 até hoje utiliza-se prensa mecânica automática.

REPRESENTAÇÕES DO TRABALHO

FOTOGRAFIAS: A MÁQUINA E O HOMEM, UMA HISTÓRIA DE CONQUISTAS?

O acervo fotográfico do Museu Paulista dispõe hoje de conjuntos significativos relacionados à representação do trabalho, e que dizem respeito a noções como natureza, tecnologia, identidade, nacionalidade, entre outras. Estas, por sua vez, encontram um campo fértil no tratamento documental que compreende os exemplares fotográficos não como unidades autônomas, mas como parte integrante do circuito de produção, circulação, consumo e descarte.

A visão abrangente do documento, que a arquivística, é bom lembrar, desde muito possui com relação aos suportes textuais, estimulou a aquisição de coleções mistas ou exclusivamente fotográficas[16] na sua integridade. A manutenção das séries ou dos conjuntos documentais orgânicos, por um lado, preserva o potencial de exploração científica do documento, pois não os fragmenta segundo interesses específicos, e, por outro, garante uma melhor compreensão dos sentidos gerados pelas imagens, já que as contextualiza. *Descobrir*, portanto, o trabalho anônimo nas fotografias do Museu Paulista não significa montar um repertório de imagens que sirva como contraponto às imagens da elite, mas compreender como a identidade de um número imenso de pessoas encontrou exclusivamente no trabalho a sua realização, ainda que precária e efêmera.

Em uma sociedade que credita à tecnologia a sua própria viabilidade, os agentes sociais tendem a se transfigurar em tipos profissionais. A partir da segunda metade do século XX, sedimentou-se um vasto repertório de imagens do trabalhador associado à sua ferramenta (da picareta ao bisturi) e às máquinas da indústria. O corpo, monumentalizado pelos recursos formais da linguagem moderna da fotografia e moldado por uniformes, máscaras, lentes e músculos, "ignorava" a câmara para garantir a perfeita encenação da atividade representada. Mas as máquinas nem sempre estiveram associadas à presença do trabalhador nos registros fotográficos. No início do século, uma fórmula recorrente em publicações comemorativas era apresentar a imagem da multidão de operários em frente à fábrica e as salas de trabalho vazias, onde o maquinário, e somente ele, era o tema[17]. O elemento articulador dessas duas pontas – trabalhador e máquina – era o empresário, com seu busto retratado e legendado pelo nome completo. Era comum que se exibisse junto a membros da família ou até mesmo interiores de sua residência, mostrando como a identidade do proprietário se deixava estender até aquelas características pessoais, de natureza individualizadora.

22. Ferrovia Madeira-Mamoré, no atual Estado de Rondônia. Gerador de energia elétrica movido à óleo cru. Fotografia de Dana Merrill. Cerca de 1909-1910. Negativo flexível tipo *film-pack*, gelatina. 12,6 x 17,7cm. Acervo Museu Paulista da USP. Reprodução de Hélio Nobre.

É justamente a tensão presente no longo processo de redução da identidade social a categorias de trabalho que se vislumbra nas imagens da construção da ferrovia Madeira-Mamoré produzidas por Dana Merrill entre 1909 e 1910[18]. Nesta série de 189 negativos percebe-se a oscilação entre dois tipos de representação: o retrato e o registro documental. Ao lado de cenas de inundações e desabamentos, que mostram trabalhadores envolvidos em uma verdadeira guerra entre a ciência da engenharia e a natureza selvagem da floresta, o fotógrafo constituiu uma série de retratos nos moldes da tradição pictórica, que, desprezando o corpo, buscava no rosto os traços mais distintivos. Quando ao lado da máquina – priorizada pelo enquadramento centralizado e pelas grandes proporções – o trabalhador fixava o olhar na câmara e, de mãos na cintura, postura distante da noção que se tem de corpo disciplinado, disputava com a engrenagem um espaço para o seu retrato (Fotos 22 e 23).

23. Ferrovia Madeira-Mamoré, no atual Estado de Rondônia. Acidente com ponte devido à queda de uma árvore. Fotografia de Dana Merrill. Cerca de 1909-1910. Negativo flexível tipo *film-pack*, gelatina. 12,5 x 17,3 cm. Calcula-se que 30 mil trabalhadores de diferentes etnias e nacionalidades participaram da construção, na qual morreram cerca de seis mil pessoas. Acervo Museu Paulista da USP. Reprodução de Hélio Nobre.

Vistas no seu conjunto, as imagens de Dana Merrill vivem um enfrentamento dramático entre a representação do indivíduo e aquela dos grandes empreendimentos de conquista tecnológica, política e territorial. Tradicionalmente, estas duas formas viviam em espaços sociais compartimentados. Nas imagens de engenharia verifica-se a monumentalização e a exclusividade das estruturas de ferro, como é o caso da ferrovia Santos-Jundiaí, fotografada nos anos de 1860 por Militão e que figura vitoriosa e solitária na Mata Atlântica[19]. O lugar do retrato, por sua vez, era o estúdio. Nos milhares produzidos por Militão em seu ateliê Photographia Americana vemos que muito poucos optaram por posar ao lado de sua ferramenta de trabalho. Homens pobres, livres ou escravos, encontravam na postura severa e contida, nos braços em repouso e na valorização da fisionomia a sua forma mais digna de registro.

Brinquedos: modelos introjetados

24. Brinquedos para meninas[23].

De início, cumpre diferenciar duas categorias de brinquedos: os brinquedos artesanais dos brinquedos industriais, estes últimos constituindo a área de atuação do Museu Paulista no que tange a tal tipologia de acervo.

Os brinquedos artesanais estão mais associados à expressão de culturas tradicionais[20], isto é, concorrem para a preservação das tradições pela repetição, pelas crianças, de padrões culturais de seus antepassados. São tipologia geralmente encontrada em museus de etnologia, entre estes os museus de folclore. Os brinquedos industriais associam-se à sociedade de consumo, ligados à ruptura de tradições culturais veiculam modas e novidades.

A idéia de um núcleo de brinquedos no acervo do Museu Paulista é recente e a coleção apenas começou a se formar. Sua circunscrição é o brinquedo industrial no Brasil (e não necessariamente brasileiro), indo do final do século XIX, quando chegou até nós, até os anos de 1950, que balizam todos os acervos do Museu e que

25. Brinquedos para meninos[24].

correspondem a um *boom* da indústria nacional e a amplas modificações nas redes de produção e consumo de produtos em geral.

Na perspectiva de um museu de História, que tem como objetivo a compreensão da sociedade brasileira – especialmente de seu segmento paulista – pela cultura material, percebeu-se o enriquecimento que significaria a formação de um acervo de brinquedos. Objeto indissociável da infância, é, na verdade, uma auto-representação adulta[21]. Veicula o modo como uma sociedade se vê e como se apresenta para as crianças. Assume a função de modelo e é consumido por classes sociais com mais poder aquisitivo.

Pelo brinquedo, pode-se compreender muito dos projetos de mundo das sociedades que os produziram e também seu impacto sobre aquelas que apenas os consumiram. No caso brasileiro, até a década de 1930, só havia no país pequeníssimas manufaturas produzindo brinquedos e a maioria de brinquedos industriais era de origem estrangeira. Este fato, por si só, levanta questões sobre como os modelos estrangeiros foram assimilados pela sociedade nacional; sobre como, por meio do brinquedo, introjetaram-se em gerações de crianças brasileiras, padrões estrangeiros globalizantes desde o final do século XIX. Quando, em 1937, inaugurou-se a primeira grande fábrica de brinquedos no Brasil – a Manufatura de Brinquedos Estrela – o modelo estrangeiro já estava estabelecido como padrão industrial.

Entre os muitos recortes que se podem fazer do brinquedo enquanto modelo, está aquele que o examina como vetor de modelização do trabalho. Pelo brinquedo, muito se "ensinou" a meninas e meninos sobre sua função na sociedade. Quais as atividades, quais os trabalhos "apropriados" para um e para outro sexo.

Para elas, as atividades domésticas se exercitaram nos conjuntos de fogõezinhos, panelinhas, louças em miniatura; maquininhas de costura e ferrinhos de passar; pequenas mobílias, casinhas inteiras, o mundo doméstico, enfim, povoado de bonecas e bebês[22] (Foto 24).

Para eles, máquinas, veículos, revólveres de brinquedo. Bonecos, somente *cowboys*, soldados e afins. A sensação de atuação sobre o mundo e a compreensão dos modos de funcionamento de máquinas moldavam o homem de ação, pronto para trabalhos de inteligência e enfrentamento. Controlar todo o trajeto de um trem, construir prédios e cidades, acionar uma caldeira a vapor – princípio da movimentação de fábricas – e ter como seus semelhantes soldadinhos, por exemplo, americanos, sérios ou engraçadamente simpáticos, estes seriam os quadros onde inscrever as atividades profissionais do adulto futuro (Foto 25).

No Brasil e em outros países importadores, tudo isto revestiu-se de uma peculiaridade: os artefatos para brincar nem sempre correspondiam àquilo que se usava na casa, no corpo, nas fábricas ou cidades, conferindo aos brinquedos não apenas a condição de modelo – que tinham já nas próprias sociedades das quais provinham – mas também de modelo exógeno.

NOTAS

1. Lewis Mumford, *Arte e Técnica*, trad. F. Godinho. São Paulo, Martins Fontes, s/d.
2. R. Romano (dir.), *Enciclopédia Einaudi*, Lisboa, Imprensa Nacional/Casa da Moeda, 1984; Milton Vargas (org.), *História da Técnica e da Tecnologia no Brasil*, São Paulo, Unesp/Ceeteps, 1994.
3. Antonia Terra de Calazans Fernandes, *Memórias dos Ofícios*, São Paulo, USP, 1997. Tese de doutorado.
4. Louis-Henri Parias (org.), *Historia General del Trabajo*. Barcelona, Grijalbo, 1965, 4 vols.; Antonio Santoni Rugiu, *Nostalgia do Mestre Artesão*, trad. M. Menon, Campinas, Autores Associados, 1998; Maria Helena Ochi Flexor, *Ofícios Mecânicos em Salvador*, Salvador, Prefeitura Municipal, 1974.
5. Cf. José Wasth Rodrigues, *Descrições de Mobiliário*, Museu Paulista, 1948, n.60(dat.); Tilde Canti, *O Móvel do Século XIX no Brasil*, Rio de Janeiro, CGPM, 1988, p. 63.
6. Ver Myriam Ellis, "Iluminação no Brasil Colonial. Subsídios para a sua História", *Revista do Arquivo Municipal*, n. 173, jan./jun. 1968.
7. Ernani Silva Bruno, *O Equipamento da Casa Bandeirista Segundo os Antigos Inventários e Testamentos*, Registros 1, Departamento do Patrimônio Histórico, Secretaria Municipal de Cultura, Prefeitura do Município de São Paulo, 1977.
8. José Alípio Goulart, *Transportes nos Engenhos de Açúcar*, Rio de Janeiro, Gráfica Taveira, 1959.
9. Michelle Perrot (org.), *Une histoire des femmes est-elle possible?*, Paris, Rivages, 1984.
10. Sérgio Buarque de Holanda, *Caminhos e Fronteiras*, 3. ed., São Paulo, Companhia das Letras, 1994.
11. Hannah Arendt, *A Condição Humana*, trad. R. Raposo, Rio de Janeiro, Forense-Universitária, 1987; Georges Duby e Michelle Perrot (org.), *História das Mulheres no Ocidente*, trad. C. Gonçalves e E.Gonçalves, São Paulo, Ebradil/Lisboa, Afrontamento, 1991. Vol. 4: O Século XIX; Miriam Moreira Leite (org.), *A Condição Feminina no Rio de Janeiro*, Antologia de Textos de Viajantes Estrangeiros, São Paulo, Hucitec/Edusp/Inl/ Fundação Nacional Pró-Memória, 1984.
12. Anne Hugonnet, "*Mulheres e Imagens: Representação*", em: Georges Duby e Michelle Perrot (org.). op. cit., pp. 336ss.
13. Maria Odila da Silva Dias, *Quotidiano e Poder em São Paulo no Século XIX*, 2. ed., São Paulo, Brasiliense, 1995; Eni de Mesquita Samara, *As Mulheres, o Poder e a Família*, São Paulo, Marco Zero/Secretaria de Estado da Cultura, 1989.
14. Sobre as questões éticas possivelmente envolvidas na exposição de elementos e objetos produzidos para não serem expostos vide, dentre outros, Dinah Eastop e Mary Brooks, *Evidential issues for conservators and curators: concealed and concealing garments. Interdisciplinary Approach about Studies and Conservation of Textiles*, Palermo, 1998. Preprints. Palermo, ICOM-CC Interim Meeting, pp. 106-108.
15. C. B. Gonçalves, *Casa da Moeda do Brasil*, Rio de Janeiro, Casa da Moeda do Brasil, 1989, p. 43.
16. Quando elas assim já se apresentavam.
17. *Lembrança do Cotonifício Scarpa e da sua Organização Social na Villa Scarpa*, São Paulo, Sociedade Anonyma Scarpa, 1926; *O Estado de São Paulo*, Barcelona, Societé de Publicité Sud-Américaine Monte Domecq' & Cie., 1918; Lloyd's Greater Britain Publishing Company; *Impressões do Brasil no Século Vinte – Sua História, Seu Povo, Comércio, Indústrias e Recursos*, Londres, Jas. Truscott & Filho, 1913; *Gli italiani nel Brasile. S. Paolo*, Estabelecimento Graphico Pasquino Coloniale, 1922, só para citar alguns exemplos.

18. No Museu Paulista encontram-se os negativos que restaram dos registros do fotógrafo norte-americano Dana Merrill sobre a construção da ferrovia pela empresa May, Jekyll & Randolph. O projeto era resultado de acordos com a Bolívia para escoamento da borracha pelo rio Amazonas.
19. Fazem parte do acervo do Museu Paulista mais de 13 mil imagens produzidas pelo fotógrafo Militão Augusto de Azevedo, que atuou em São Paulo entre 1862 e 1887. Além de retratos e paisagens da cidade, ele registrou a construção da S. Paulo Railway (ferrovia Santos-Jundiaí), concluída em 1867.
20. Nesta perspectiva estão as obras de Paulo de Salles Oliveira, Brinquedos Artesanais & Expressividade Cultural (1982), Renato Requixa (coord.), *Brinquedos Tradicionais Brasileiros* (1983); *e Mil Brinquedos para a Criança Brasileira*, catálogo de uma exposição no Sesc (1982), todos emanados de um grupo de trabalho interdisciplinar, sediado no Sesc na década de 1980.
21. Gilles Brougère, "Prologue: le jouet entre industrie et culture", em: Gilles Brougère, (dir.), *Le jouet: valeurs et paradoxes d'un petit objet secret*, Paris, Autrement, 1992.
22. Até o final do século XIX, não se produziam bonecas representando bebês ou crianças. A referência era sempre a mulher adulta.
23. Maquininha de costura de metal, de fabricação alemã, da década de 1930 / Boneca sem marca, da década de 1920, atribuída ao fabricante alemão Kestner. Cabeça de *biscuit* e corpo de massa / Ferrinho de passar a carvão, fabricado em São Paulo por A. P. Rossi, modelo "Shirley". Metal cromado e cabo de madeira / Serviço de mesa para bonecas, de fabricação alemã, de louça branca com aplicação de guirlandas de flores decalcadas/ Conjunto alemão de utensílios para cozinha, de alumínio, provavelmente do início do século XX / Caminha de lata para boneca, com o estrado de molas, da década de 1920, fabricada na Alemanha pela Märklin.
24. Sinaleiro de lata para trenzinhos elétricos, de fabricação japonesa, da década de 1950 / Boneco de celulóide, de fabricação japonesa, da década de 1930, representando guarda de trânsito inglês, cuja mão direita é desproporcionalmente grande para fazer o sinal de parada / Boneco de lata, representando um soldado americano, no pós-guerra, década de 1940. Fabricado pela Unique Art, de New Jersey, o popular personagem G. I. Joe foi produzido, desde a década de 1930 até o início dos anos 50, representando o americano médio em diferentes situações: soldado que volta da guerra trazendo gaiolas com cachorros cheios de curativos, como no nosso exemplar, soldado em seu jipe, fazendeiro em seu trator e outros / Caldeira para produção de vapor, em metal, fabricada na Alemanha, pela Märklin, por volta de 1890. Este modelo de caldeira e outros similares compuseram inúmeros brinquedos. Acopladas a miniaturas de máquinas, fábricas inteiras, rodas-gigante e outros engenhos, funcionavam, de fato, como força motriz, acionando o conjunto / Vagão para carga bruta e vagão para transporte de mercadorias, de trenzinho elétrico da fábrica americana Lionel. Fundada em 1901 e encerrada em 1958, foi, na década de 1920, o maior fabricante de trenzinhos elétricos dos Estados Unidos / Jogo de construção *Baby engineer*, de cubinhos, da década de 1930. Conservou a caixa de papelão e folheto ilustrado com sugestões para montagens / Livro de pano PUFF! PUFF! Paris: Hachette et Cie, s.d. Mostra uma série de ilustrações em torno do tema do trem e das ferrovias, com legendas em francês que foram reforçadas a caneta por seu pequeno usuário. A dedicatória, manuscrita na capa, diz: "Ao maquinista Odilon Lembrança de Thilda 1908".

MUSEU PAULISTA

Covered Collections: labour universe

Following the guidelines laid in the Museu Paulista's Directive Plan, institutional research branches out in three directions: Daily Life and Society, History of the "Imaginaire" (social representations) and Labour Universe. The latter has been approached mainly in its urban crafts and domestic labour slants, that is, those individual or corporate – but not manufacturing – activities. Answers are not sought, as a priority, in the industry universe, but in that of the small workshop or the home, where there is no difference between domestic and labour spaces.

Preferential interest is had for collections such as of tools, shoemakers' and hatters' equipment, spinning wheels, weaving, spinning and sewing machines, irons (professional and domestic) and building materials. These tools are normally thought of as being less "prestigious" than the works that, from the beginning, were conceived to be appreciated, be it paintings, sculptures, or apparatus' objects, such as deluxe porcelain an furniture, which already in its time served exhibition purposes.

The equipment groups, used in this or that craft, have been understood in their relation with the specific activity chain that each profession encompasses. For instance, those collections related to 18th century mining activities: collecting the ores, their washing, selection, storage, transport, and commercialisation. Each phase demanding a specific instrument. Thus, one intends to reach not only the history of technique, but also to throw light on the human element – who defines his or her needs of all orders, invents or learns and e-elaborates.

Within a different scope, engineering, construction and craft avant-guard inventions place leading figures such as engineer Bezzi or the inventor Santos Dumont, in a labour perspective – pioneering labour.

Another kind of labour, non-industrial but non-individual, object of study at Museu Paulista is that carried out within public corporations or organizations, such as the National Guard, Fire Brigade, or Sanitary Service. Uniforms and equipment, as well as written and photographic sources, are research documents aiming to encompass social history of organised institutional labour. By the same standard, a particular collecting trend has given attention to objects and equipment used at the very Museu Paulista throughout its history.

Worth noting are the approaches emphasising ways of labour representation. Here, one is concerned with the materialisation of different notions of labour, and those related as body, time, technology, progress, identity, among others, and which can be apprehended from the analysis of objects, texts and images.

But, besides the kinds of collections mentioned, more evidently related to a Labour Universe, any object or image can be understood as a result of human labour. Every collection item contains infinite dimensions, all depending not exclusively on its physical attributes, but on questions put and on relationships established with the other elements, contexts and historical knowledge.

Collection documentation comes before any research, since they represent data gathering on each item. In this phase, one must examine each item in its artefact quality, that is, in its making, technique and material employed, and its use and production contexts. These are silent backstage activities, which, when properly carried through, potentiates the entire collection. Thus, paintings, photographs, sculptures, furniture, porcelain items, costume, toys, coins, medals, in short, the collection as a whole, can be reviewed through the usually obscured prism of labour. Individual, corporate, manufacturing or industrial: to see the collections under the light of its making and productive social contexts is one of the challenges that have been stimulating research at Museu Paulista.

To unveil, discover – and open to discovery.

URBAN CRAFTS

TOOLS: HISTORICAL AND SOCIAL DIMENSIONS

Associating art and technique[1], the tools preserved at Museu Paulista allow an approach to historical problems which supersede an evolutionary view of what conventionally came to be denominated Labour and Technology History[2].

The typologies, morphologies and functions study allow the recovering of the place occupied by these utensils in hand-making processes operating chains. Such processes let us glimpse at the ways through which the adaptation of tools to the human body encouraged the transformation of materials taken from nature, such as wood and clay. This same point of view has repeatedly given support to the premise that the incorporation of machines and automatism to the production universe represented an obsolescence and abandon of craft practices. But it has also led to another line of thought, when confronted with the permanence of craftspeople and artists dedicated to the making and repair of objects of ordinary use and adornment in great urban centres such as São Paulo. This can be observed in carpentry, cabinet-making, and ironsmith's and shoemakers'shops[3].

Contemporary use of plains, hand-drills, chisels and wood-cutting tools, for instance, points to the almost always forgotten figure of the artisan, as well as sparking questions about the permanence of knowledges, experiences and traditional procedures in a world dominated by production and consumption massification and rapid object discarding[4].

Little known are the artisans' and artists' activity spheres in Brazilian society, obscured by slave labour throughout the colonial period and 19th century. These activities were debunked by the privileging of the manufacturing system and formation of the working classes. Still to be unveiled is the historical progression of these protagonists, be it in terms of the craft guilds' significations during colonisation, be it in terms of the reconstitution of the social statute which they have enjoyed in the shaping of a free labour market in Brazil.

Artists and artisans constitute historical links which allow the unveiling of the articulations between tools, manufacturing techniques and finished objects. These articulations are the ones to reveal historical, social and cultural meanings inscribed, simultaneously, in the working tools and in the works they have engendered. Following this path, a memory of social subjects is recovered, who, in the past as well as in the present, have remained opaqued, establishing simultaneously enriching links between different museological collections, as in the case of carpentry and cabinet-making arts. Such is the case of the 18th and particularly of the 19th centuries furniture collections. Instead of focusing on utility, characteristics and functionality of an 18th century travel trunk, or the aesthetic effects of a well-turned, minutely carved and decorated piece of furniture made to the taste and demands of 19th century elites, observations and research unfold to find the way of making, the know-how that engendered them and the activities of the maker.It is within the furniture hand-making and wooden utensils study field that the Museu Paulista's main tool collection is located. The collection numbers 112 pieces and 21 fragments, dated from the first decades of the 20th century. Originally, these were used in children's and young people's professional instruction at the Instituto Borges de Artes e Ofícios in São Paulo State city of Itu. (Picture 1). From the same collection come 58 instruments which form the ceramics and clay pieces collection at Museu Paulista (Picture 2).

FURNITURE: STYLES AND CULTURAL RELATIONS

"Style Furniture" is that which obeys, in its making, certain canons established as patterns. They are concepts regulating structure, form, ornament and materials to be used in the pieces of furniture, as well as the kind of furniture which should predominate. They can be seen as a matter of taste, fashion, even of frivolity. They can, nevertheless, be treated as historical documents revealing of their time and place, expression of social-cultural conjunctures with widely spread and deep-laid roots.

During the 500 years that are coming to a close, Brazil has received European models, has assimilated them on the one hand, and modified them on the other. During the colonial period, the model in vogue was Portuguese. Reigns followed one another and with them styles. In the end of the 18th and beginning of the 19th centuries one could detect the existence of furniture items expressive of national culture. Such is the case of the widely used 'leito-marquesa' (a bed with drawers), typical of the Paraíba River Valley. Museu Paulista posses an example[5] (Picture 3).

European growing economic expansion and political changes throughout the 19th century fostered the import of countless goods of British origin in to Brazil. On its wake, new life-styles came over, and also furniture making models. France, seen and assimilated as Europe's cultural centre, extends its influence throughout the Western world. The most officially adopted furniture styles in these two European countries (until the end of the 19th century indeed a State affair, related to national self-image) are the one most diffused in Brazil.

In some cases, the aristocracy had furniture sent from Europe. In others, stylistic formulae in fashion were adapted to national woods and usages. The non-rigorous use of official French and British orientations and sometimes its association with Brazilian traditions generated a string of hybrid-style furniture, original in its results.

Maybe Brazil has preceded, without pretension or theory, the wave of eclecticism that swept Europe by the end of the 19th century. It recommended the quotation of previous styles, in a series of *neo-* that invaded the stylistic creations of that time. Despised by purists, eclecticism has been, for many years, left aside by scholars. Now it begins to be revisited. In Brazil, maybe it has been the style most in tune with national culture.

In the first quarter of the last Century, one could find sober British Regency-style furniture at Brigadeiro Luís Antonio's sitting room, in his residence on the corner of São Bento and Ouvidor (nowadays José Bonifácio) streets. A little later, a luxurious bed, made in Paris by one of French aristocracy's supplier (ebonists Bellangé et Fils) rested in one room at the Marchioness of Santos' stately home at Carmo Street (today a museum in renamed Roberto Simonsen Street)(Picture 4). These pieces certainly have been an exception in São Paulo's furniture universe, but can have served, somehow, as reference. They are now part of Museu Paulista's collection.

Little or at all studied are São Paulo's 19th century artisans and how they elaborated or re-elaborated issues of style. There is a lot still to be discovered.

In the commercial almanacs of the second half of the 19th century, one finds carpenters, cabinet-makers, carvers and furniture shops. The presence of a few "furniture rent houses" possibly indicate that furniture-making did not meet the demand, or that there was a different kind of demand, possibly attending to the needs of temporary or seasonal dwellers, in a city that was, at that time, a stop-over for travellers and of short stay for farmers.

In the last quarter of the last Century, the idea of education as a pillar in the nation's building gains currency. This national construction process goes on also in the physical sense, in the form of urban and architectural redeveloping. Within a Public Administration pragmatic programme, there is an increasing need to train skilled labour-force, both for urbanistic enterprises and for new houses building and furbishing. São Paulo province embraces the cause as no one else in the country, and many technical training centres are established, informed by progress ideology and the will to become an European-style developed capital city.

In 1875, the still existing Instituto Anna Rosa was opened on the anniversary of the city: a private enterprise founded thanks to Anna Rosa Araújo's legacy, in the care of Baron Souza Queiroz. Its aim was to instruct and provide technical training for poor boys. Among the crafts taught, there was cabinet-making. In the 1970's, another legacy, now left to the Museu Paulista by Dona Olga de Queiroz, the Baron's granddaughter, included some Institute-made furniture. Other similar institutes were opened and furniture was also made by prison inmates.

The Liceu de Artes e Ofícios (Arts and Crafts Lyceum), heavily state-funded at the beginning of the Republican period, was the capital's most important training centre. Its curricula included cabinet-making.

Notwithstanding, there is great difficulty, if not impossibility, of determining the authorship of most of the furniture produced in São Paulo in the 19th century.

Further studies will clarify much of what has been obscured by time. The Museu Paulista's furniture collection has certainly many discoveries in store for the material culture researcher.

Lighting equipment: prolonging of daytime work

The world of Labour in colonial time continued into the night. As darkness fell, the sugar mills carried on with the production of sugar, spirits and flour, while in the master's house kitchen tasks and devotional activities at the shrine continued to take place... There was need for much light to shine on night work. The first and most rudimentary colonial processes were torches, made of strips of *pau d'arco* wood tied together with vegetable fiber or *canela de Ema* branches, preferably a resinous wood, or bull's horns filled with tallow or grease. There were also whale oil lamps, with three or five flames, to help on night chores. Such pieces have lit sugar mills since the 16th Century, as well as torches mentioned above, used in the lack of oil. Religious services in the chapels resorted to torches with incense. Bees wax or tallow candles were brought from Portugal or produced locally as part of domestic daily tasks.

From the 16th to 19th centuries, 90% of whale or fish oil went to feed oil lamps, and later, lampions. Until the advent of petroleum and its derivates, the alternative to fish oil was matter extracted from oleaginous plants, used in great amounts, as well as animal fat and tallow, in a smaller scale. Olive, peanut, coconut *mamona* and *jandiroba* oils were vegetable oils most in use, for they let off less smoke and smell. In the countryside, *mamona* oil was preferred, and at the seaside, whale oil. In 18th century São Paulo, the whale oil employed came from its whaling posts of São Sebastião and Ilhabela, among others.

The most usual lighting objects in colonial times were small clay bowls, night lamps or small oil lamps (also made of clay and wrought or cast iron), copper or tin oil lamps and the larger lampions. They worked in a simple way: oil, poured in a container, fed a rustic twisted cotton wick, on which extremity burned the flame. São Paulo's first theatre (second half of the 18th century) was lit by torches and candles. The candles burnt on wire candleholders, tin or silver, frequently protected by a glass tube.

Whale oil lamps lit Salvador nights until the middle of 19th century. In Rio de Janeiro, torches or lamps, bore by slaves, allowed walking by night. Street darkness was relieved by oil lamps lit by devotional niches outside houses or shrines built in corners. This lighting was of private initiative, and the neighbours shared the cost of oil. São Paulo's first fish and *mamona* oil-fed public lighting arrived in São Paulo in 1828. At night, by the light of *mamona*, peanut or whale oil, worked the soldiers in the fortresses and barracks, the sailor in ships, and the councillors in session at the municipal Chambers of colonial Brazil[6].

Museu Paulista's lighting collection is of great variety, possessing over 50 items, among them poker and their trays, decorated glass tubes, outdoors lanterns etc. 18th century objects include iron, copper or tin small lamp, fed by whale or *mamona* oil and the *mancebo*, a wooden post which supported the small lamp indoors. Torch holders, candleholders and lanterns also were used in churches and outdoors shrines. Better off households bought Portuguese olive oil. 19th century pieces are more elaborate and are part of ornamentation sets and dinner services, such as a golden silver four-armed candelabra, from Campos Sales collection (Pictures 5 and 6).

In better off homes, glass protection for the twisted cotton wick encased the flame in lampions, candelabra and chandeliers. At the Museu, there is an example of an old candle lampion. Lampadaires with their respective chains and night lamps also are part of the collection. Materials and shapes of these pieces vary a lot, and include some of 'extravagant' nature: copper candleholder with two crossed canes and top hat; ivory candleholder with flowers and bees painting; chandeliers, candelabra and candleholder made of horn and plaster; a portable lantern in the shape of a pistol; two candelabra made out of a Shrapnel grenade fragment, '75' grenade detonators and Lébel gun bullets, as well as two anthropomorphic candelabra. Of more recent accessories we highlight, in addition, four matchbox holders.

Mining equipment: always a hope, gold

Portugal's interest in precious metal had been constant in the beginning of the colonial period. The first lodes are discovered only by the end of the 17th century. In Cataguás region, Minas Gerais, Antônio Rodrigues Arzão discovers gold in 1693. It is worth remembering that in 16th century São Paulo gold mines were opened in the regions of Jaraguá Hill, Apiaí and Iporanga, but the amount found was not significant and the quality not very good. Later, other lodes were discovered and, not only gold but also precious stones, its exploitation extending over Goiás and Mato Grosso regions in the following centuries.

Studies carried out by Ernani Bruno on inventariess and wills from 1578 to 1750[7] show that São Paulo 17th and 18th century inhabitants always hoped to find and explore the precious metal, for they kept and left to their descendants mining tools and utensils: weights for weighing gold, iron levers for the mines, digging tools, prospecting pans. Of these instruments, some of unclear origin, have been kept at the Museu Paulista. Among them a digging tool (*almocrafe*), remainder of Jaraguá Hill gold extraction. Scales and weights are also part of the collection, as well as copper goold washing pans, two additional pans, three *almocrafes*, *moleque* (magnetic bar used to separate gold from iron) and gold storage tubes (Picture 7).

The iconographic collection includes prints and paintings that register mining activities. Most of the paintings done from 1920 onwards reproduce images left by 18th and 19th centuries travellers, among them John Moritz Rugendas, Jean-Baptiste Debret and Eschwege (Picture 8).

The oxcart: extension of force

The oxcart makes an appearance at the very beginning of Brazil's colonisation, transporting logs of *pau-brasil* wood to colonial factories and ports, where ships leaving for Portugal were loaded. The Romans introduced the oxcart to Portugal and the Portuguese brought ito Brazil. In the colonial period, the oxcart was an indispensable means of transportation for the sugar mills production. It carried raw material, fuel and the finished products: it took sugar cane sheafs to the mill and wood for the furnace; took sugar to the riverside, to be embarked; cotton bales, flour sacks, and even building materials. Outside the mill, it transported goods boxes or sacks to consumption or embarking points. It was a reference in daily life at the time, and came to be a measure unit in the sale of some products: one spoke, for instance, of so many oxcarts of firewood. It became the most characteristic means of transportation within the sugar mill.

The oxcart was built with local woods taken from the jungle, generally within the sugar mills area, by specialised carpenters, many of them old hands in the craft. The two wheels could be compact, like that represented in the Museum's drawing, or with radiating woods, the axis being affixed to the external circle. It is interesting to observe the many parts of the car: the fitting pieces, the variety and complexity of the woods employed (Picture 9).

The oxen are the driving force of the cart, and are given specific names according to the side they take. The animals needed to be strong, have plenty of muscle and be docile to sustain the pace, drag the weight and obey the drivers (*carreiro* and the *candieiro).*

The cart's axis made a characteristic sound, issued by the small wooden pieces (*cantadeiras*), treated with a ox's tallow and mashed charcoal paste, or else with *mamona* oil.

In the colonial period this vehicle also served the sugar mill owner's family, when out for a social event. Then, if the mill did not posses a special passengers car, the oxcart was decorated with palm tree leaves, a mat, or a hide, being covered it with a red baize or chintz with branches of the same color. The stakes were ornamented with leaves, according to the destination of the family, and the cart's bed was cushioned with mats for the passengers' comfort[8].

Museu Paulista's collection on the theme is small, numbering 8 items: old nail (*pião de carro de boi*); two oxcart nails; ridgepole oxcart nails; miniature oxcart by Mansueto Batista, from Araras, São Paulo; detailed colour pencil drawing of an oxcart and three chisels used in its making. The drawing reproduces working tools, pieces made to fit, wheels in frontal position and the ready vehicle (wheels, floor and stakes), which, according to the inscription would have been made by Honório Leme da Silva, of the São João de Itatinga, in São Paulo.

Museu Paulista's iconographic collection has paintings and prints that depict oxcarts, some as far back as mid-19th century and others the beginning of the 20th. We selected a painting by Maria José Egas, *Oxcart Convoy, 1840*, where the oxcarts are the same as Francisco de Almeida's drawing (Picture 10).

The oxcart, circulating since the 16th century throughout Brazil, survived much longer than the Master's House, for it is still in use around the Brazilian countryside.

DOMESTIC LABOUR

Spinning, weaving and sewing: in the meshes of history and memory

Constituting a study field on the feminine universe in São Paulo's and Brazilian society issues implies casting a different gaze on the available documentation[9]. Besides the recuperation of scattered records and the concern of making visible what has been for a long time obscured, it is essential to question the omissions and slips of memory's foundations. Essential also is to widen the scope of historical sources that can contribute, alongside other circumstances, to the reconstitution of the territories occupied by the woman. This widening would contribute, in addition, to the understanding of the role she has played and is playing now in the domestic and public domains, as well as to the investigation of social representations that have surrounded and still surround the feminine persona.

This way the relevance of collections such as those of spinning, weaving and sewing instruments is evidenced. This 47-piece collection includes pin-cushions, thread boxes, needle cushions, rulers, set-squares, thimbles, bobbins, spinning wheels and spindles, tricot machines, manual and portable electric sewing machines (Pictures 11 and 12).

Rich and varied, this collection offers material support not only to feminine world issues. To find the historical context of these objects involves, for instance, the analysis of the production, trading and consumption circuits of the processes that ruled their making. In addition, new knowledges can be produced about the craft techniques of fabric, costume and ornament-making, referring back to cultural traditions and an orally transmitted know-how. In São Paulo's specific case, the importance of domestic spinning and weaving practices has been recognised since the beginning of colonisation[10]. Nevertheless, questions like that, focused mainly on the history of techniques, draw the contours of only two of the possible investigative dimensions sparked by this collection.

Spinning wheels, spindles, needle-cushions and sewing machines can be interpreted as a persuasive expression of the historically and culturally constructed link between woman and private spaces, particularly the home, as well as the representation of a "natural" yoking of woman to the domestic universe. In it, alongside child-rearing, labour unfolds in family and house-keeping tasks[11].

This way the collection's utensils reference feminine condition fragments, unveiling essential activities excluded from visibility. Besides, they preserve another specificity, due to the fact that, historically, spinning, weaving and sewing are more readily identified with a gender rather than a social class[12]. The feminine figure is here made an issue of, both within the elites and the among the poor. The former were rich house-mistresses, in charge of slave and/or employees, but who had learned to weave, sew and embroider, using delicately and finely decorated objects. The latter sought to make ends-meet in manifold ways, resorting mainly to sewing and weaving[13] (Picture 13).

They reference, equally, memory traces of the anonymous women who lived in a singular historical moment, of whom little or nothing is known, but who left behind the world of objects records of a history that is still to be discovered.

Irons: culture of appearance's instruments

On building Museu Paulista's object collection, irons have made a discrete an appearance. Discrete objects since their presence did not call for attention. Dark and heavy objects, out of domestic quarters or tailor's and seamstress' workshops, they have remained in History's backstage, while porcelain glistened on the elite lord's tables, in the specialised books and in museum showcases.

All over the world historian's discoveries reveal a silent world before great figures, *of famous name and heroic deeds*, allowing other worlds to be noticed, that of the home, of the maid, of the kitchen, of the seamstress, among them. In short, of feminine labour.

Daily non-elite labour instruments included the iron in its many shapes, being heated up by a number of methods: stove, coal, wedge, and later in the 19th century, cohabiting with the others, kerosene, gas, alcohol, hot water and in the beginning of the 20th century, the electric iron.

On looking at the Museu Paulista's iron collection, it is possible to glimpse at the strength and ability required from its users. Eighty-four pieces of this collection were donated to the museum by Fernando Cerqueira Santos in 1996 from his magnificent collection.

Stove irons were heated indirectly, put on coal stoves. Solid iron blocks, weighing over ten kilos for the professional tailor models, lighter for domestic use. Widely commercialised, they were sold up to 1930, alongside electric irons. It is interesting to note the morphological transformation of this type of iron, according to the demands of the different garment shapes. For sleeves and pleats, long and narrow models were designed, and to smooth hat's brims, narrow and short irons were used.

Coal and wedge type irons were hollow, heated from the inside. The wedge iron, made use of a metal (bronze, iron, tin, copper or even silver) bar shaped to fit the iron. Contemporary to coal irons, they were more easily manipulated lighter and safer than its competitors. But due to their high retail price, they ceased to be produced.

Coal irons cut through the centuries in more or less sophisticated guises. Openings cut at the sides and the back (holes or eyelets), necessary for ventilation, or even necks (chimneys). A Museu Paulista's item shows a lion-shaped neck, open-mouthed. Other have left or right leaning necks. Although coal irons have become decorative pieces, a curious metamorphosis in the world of objects, where some have left their daily use practices to place themselves in the sophistication of interior decoration, they keep on being sold in many parts of Brazil and abroad. The coal iron's permanence is intriguing: over three kilos in weight, letting off smoke and sparks, it demands great muscular effort from the user, and can burn the fabric or the hands. It defies the "lightness", "practicity" and "efficiency" of the electric or the *modern* steam irons (Picture 14).

From the 2nd half of the 19th century, new techniques allow the use of fuels: gas, kerosene, alcohol. The gas iron was, for instance, introduced in Brazil in 1868, by Leger Palmer, a French national who obtained a government license to commercialise them in the country. In their turn, electric irons appear in 1914. Advertisements in magazines such as *Fon Fon* and *A Cigarra* present them in the midst of other "electric innovations", like the gas cooker.

Irons are part of the labours of looking after oneself and after the other, a care directly linked to dressing. In the rigid social stratification that characterised Western society up to a hundred years ago, it would be impossible to expect from elite ladies and gentlemen to *sew, starch or iron their clothes*. This territory was the maid's and the slave's domains, who were in charge of the shirt and ample skirts, cuff and collars, of washing, ironing and... dressing. On the other extreme of this kind of elite's *production* were the tailors and seamstresses.

Thus, as an ally of this servant army, we find the iron. It was, as wrote Diderot in 1751, "an instrument that washerwomen and other professionals take advantage of to smooth the surface of cloth, lace, stuffing and to give them consistency to after washing." Clearly, he points out at the social universe which makes use of the instrument, allowing questions about the much more symbolic than functional needs of smoothing cloth by ironing. This way, one can think of a double contemporary sociability. Today, many social classes iron their clothes, though some indeed hire professionals or take their garments to laundries, depending on financial possibility. As in the past, a present day person is preoccupied with the way he or she presents themselves to the other. Crumpled clothes are a sign of carelessness or even poverty. Social appearance, construct daily, has its criteria: to iron clothes is one of them.

Textiles and others: inside-outs, reverses and contraries

As usually forgotten possibility in collection's study and research is that of the careful examination of the inside-out, reverse and internal parts of objects. Fabric, furniture, toys, everything has its contrary, its concealed opposite. To see what was produced not to be seen, not to be evident to the eye (mine and the others') nearly always brings in a huge variety of information; *other* information.

In the instance of fabric and objects with an inside, the study of their reverse is as rich in suggestions and possibilities as that of their main surfaces, usually described as the '"right" or "correct" side, as if one could exist without the immediate counterpoint of the other: from the way the needlework was done to the greater or lesser ability of the maker; from the choice of lining patterns to better and/or superior finish; from the use of the right or left hand to the variations and ruptures of finish patterns. Hidden under satin lining, silks, velvet, marble plates, and noble alloy metals, nearly always, one finds more simple ways of making, other materials, other concerns. This other making, the reverse-making, if it is never considered as a manifestation of another sensibility or aesthetics, it can be thought of as, at least, while indicative of parallel qualities, simultaneous: functional, rough, opaque, non-elegant, but often, also subtle, delicate and elaborate (Picture 15).

To study and expose[14] the contraries is above all to understand the chosen materials, their structural variations and hues, distinguishing in them, that which is structure, form, characteristic, of what has been an intervention, direct manifestation of taste and technique of those who transformed them in something.

Labour and the technological world

Santos Dumont Collection: daily life of an inventor

Among the collections that allow exploration of technological labour, we can highlight Santos Dumont's. Donated in 1932 by the Dumont-Villares family, this collection includes three-dimensional objects, iconographic material and manuscripts, a small library (75 volumes), totalling 1,400 items. Of particular interest are the objects and photographs related to Santos Dumont's (1873-1932) creative process.

Tools, drawing and measuring instruments, test and simulation equipment for his flight attempts, as well as diverse raw materials used in his dirigibles, all attest to the daily work of the inventor. These objects propose another approach to Santos Dumont's progression, able to revert not only the image of the geniusinventor, normally built around mechanical inventors, but also to make an issue of the very notion of invention under the light of the then current technological context.

A typological and functional analysis of some 900 pieces, referent to this working process reveals, on the one hand, a variety of techniques involved in the understanding of aviation projects, and on the other, a huge variety of raw materials employed. These two characteristics allow reflection on the dimensions of this technological universe.

The presence of tools of distinct techniques refers back to a group of knowledges still little specialised and able to be encompassed by a scholar of humanistic contours. Santos Dumont's library is in this sense exemplary: navigation manuals, electric, mechanics and photography handbooks, engines publications, astronomy, physics and electric-chemistry compendia share shelf-room with art books, drawing and history treatises. To meet the demands of his inventions, the inventor's team developed and adapted tools, making use of any kind of object that could be dismantled and re-used, like bicycles, clockworks, electric engines etc. For this, they had to master skills as diverse as cabinet-making, lathe turning, applied or electric mechanics (Picture 16).

Raw-materials diversity is indicative of the experimental practices that dubbed the 19th century as The Century of Mechanical Inventions. Research on building and coating materials for dirigibles (1898-1905) and later for the 14 Bis (1906) and Demoiselle (1909) planes led Santos Dumont to test several materials extracted from plants (fabric and woods, particularly bamboo) and minerals, thanks to new metal alloys that had been developed (tin, aluminium and nickel plates, steel and tin cables).

Finally, a quantity of photographic equipment (camera, chassis, lenses and slide-viewer), as well as Santos Dumont's photographic collection itself inform about the cultural dimension of this technological universe. The photographs are predominantly of images of dirigibles and aeroplanes, in detail, flying or overcome by accident, as well as of work inside the hangar. Beyond technology history, Santos Dumont's path provides valuable elements to understand the way social appropriation of all innovations that had been changing 19th century common person's daily routine has taken place. In this context photography played a very important role, grounding a kind of pedagogy able to explain this new engine-driven world, which challenged human limits of speed and movement (Picture 17).

Images of inventors and their mechanical inventions, accompanied by very didactic texts were usual in turn of the century variety magazines. Among those inventors, Santos Dumont enjoyed great popularity. This leads to the thought that Santos Dumont's importance is not to Aviation History proper, where he is rarely mentioned, but rather as a paradigm able to facilitate the relationships between Man and technology.

Santos Dumont lived in Paris on a generous allowance left by his deceased father, and was part of highsociety, enjoying the attention normally given to an artist. His behaviour in nothing resembles that of patent-keen inventor. He did not keep a secret of his inventions in order to guarantee a first-ever in the international technological market, like the Wright Brothers did. Instead, he made sure to turn his feats into spectacles. This kind of behaviour fed Santos Dumont's popularity, making him an icon *par excellence* of modernity. He represented, on the one hand, humanity's creative genius possibilities, and on the other, made them feasible and familiar in a world in constant change.

PUBLIC SERVICES

Public Equipment: urban life and state organisation

Museu Paulista has a significant number of documents related to urban corporations and organisations – National Guard, Police Force (?), Fire Brigade and Sanitation Service. Forms of works institutionalization can be understood from the analysis not only of texts, but also of objects and images.

Studies on the National Guard's and Constabulary's uniforms and arms are important to understand, for instance, the organisation of public security forces in São Paulo and the functions of military troops and police bodies in the second half of the 19th Century. The National Guard was a militia created by the Imperial government in 1831, but organised at municipal level. São Paulo province had its national guard, but has preserved in the museum only ceremonial uniform and swords (pieces not used in service or combat), indicating a possible ascendancy of the militia's symbolic functions over pragmatic ones (Picture 18) .

The Constabulary was a military-police force, created in 1905, fruit of the re-organisation of the province's police bodies, chief among them the Permanent Municipal Body, founded in 1832. In this troop one finds actual use of service and combat uniforms, as well as the use of long-barrelled guns, as the flintlock musket, already usual in European armies, imposing new demands on the soldier's bodies training and on troop's discipline.

The Fire Brigade and Sanitation Service's equipment introduce new questions about the setting up of public services in São Paulo, particularly the new social life intervening resources the State had at its disposal. The fire engines too were part of a lot of foreign equipment acquired after the first organisation of the municipal Brigade in 1880. The Sanitation Service, created by end of the 19th century, would exchange all their animal-driven vehicles for automobiles. On the other hand, these acquisitions and renewals show how, at that time, there was a more significant government investment in public services, a break with previous patterns, leading to state organisation wider transformation analysis. On the other hand, a Sanitation Service car, Italian-made with American tyres and British disinfecting mechanism, shows that there was the need of reusing existing material, demonstrating, therefore, important limitations in intervention possibilities (Picture 19).

The Sanitation Service's implantation , particularly, is linked to the hygiene practices intensely developed in this period and related to public places' disciplining and scrutinising phenomena. Regarding the equipment discussed here, these practices could be analysed in the application of disinfectants in public places. Since the 19th century there had been an increase of the state's interference in urban life, and the organization of these services demonstrate how it was later intensified.

Coins: coiners and their craft in the age of navigations

The coin collection at Museu Paulista allow a detailed examination of the coin-making process, from Greco-Roman period, cutting through the Middle-Ages, up to the present day. Coinage in Portugal and by continuity, in Brazil, is under scrutiny here.

Portuguese coinage starts in the 12th century under D. Afonso Henriques, with the establishment of the first Mint in Coimbra in 1140.

From the Avis Revolution (1385) onwards Portugal started to bring together the necessary conditions to embark in the great navigations, in search of gold and silver. At that time, Portugal possessed a developed and articulated monetary system, with mints established in cities such as Lisbon, Oporto and Évora, and after 1415 in the North African city of Ceuta.

The person in charge of coinage was called *Coiner*. At first, the person was in charge of the entire process, but in time specialisations emerge: "*numulari* (who did the coins proofs) or *pecunia especulatoris* (*ensaiador* – in charge of the metal's purity), *provedor* (supervises and provides for the entire process), treasurer, *juiz da balança* (responsible for the scales and weights), *cunhador* (beats the die on the metal disc), *fundidor* (buys the metal and prepare the alloys), *fiel do ouro* (keeps the gold to be minted), *guarda de cunha* (supervises the correct use and disposal of dies), *abridor de cunho, conservador* and ironsmith"[15].

Coiners were recruited among goldsmiths and enjoyed great privileges, like dispensation from war, from tax, the right to own tribunals and special prison. Among the many medieval Arts and Crafts Corporations, the coiners first joined hands in 12th century France, creating the Coiners Guild, of religious character, which quickly spread throughout Europe. Their members were knighted swearing an oath at a ceremony known as the Coiner's Consecration, in which the neophyte's received the Coiner's Chart, and his membership penned down. In Portugal, the Coiners Guild was created in 1324, during D. Dinis reign, and their privileges ceased only in the 19th century.

The coinage process started with a flattened metal disc, onto which, on both sides, previously designed signs were imprinted. Until 1678 coin-making in Portugal was done manually, an inefficient process.

Instruments were employed: an obverse die, called *pille*, and a reverse die, called *trossel*; an anvil or tree trunk onto which the obverse die was affixed; a pair of pincers to hold the reverse die over the heated metal disc; a hammer called flatoir, to beat reverse die. The metal disc was prepared by pouring molten metal into moulds, or by hammering metal balls flat; then the discs were heated to be printed on with the die. Initially, the dies were iron or steel. The design on the back of the die was made with the help of a burin, in low relief and in negative.

Expertise and dexterity were demanded from the workers, who produced veritable miniature works of art. Four well-trained men coined a piece a second: the first took the metal disc with pincers and put it over the obverse die; the second placed the reverse die over the disc; the third hammered them and the fourth retrieved the finished coin. The pieces coined in this manner were very irregular and present characteristic particularities (Picture 20).

D. Pedro II, fostered good coinage quality in Portugal, understanding that perfection was guarantee against faking. He adopted a coining press, in use in France, known as *balancim,* man-powered, which produced very regular final shapes. This press had been used in Portugal by the artist João Gonçalves in 1561, but its use was discontinued because of coiners' resistance. The *virola* or collar was invented still in the 15th century, an instrument that held the metal disc into a kind of collar, which internal contours imprinted the edge of the coin. Thus, the fraudulent filing of the coin's edge to collect small amount of its metal (*cerceio*) was avoided.

This type of balancim press was used at the Brazilian Mint. Museu Paulista possess coins that show how regular a shape these machines could cut (Picture 21). Gradually, the *balancim* came to be powered successively by watermill, horse and, after the Industrial Revolution, steam. The oldest *balancim* used in Brazil, at the Sabará Mint, dates from 1680. From 1866 to the present day, automatic presses are used.

REPRESENTATIONS OF LABOUR

PHOTOGRAPHS: MAN AND MACHINE, A HISTORY OF CONQUESTS

The photograph collection at Museu Paulista includes groups relevant to the analysis of problems related to the representation of Labour, concerning notions such as nature, technology, identity, nationality, among others. These, in their turn, find rich ground in the documental treatment that understands photographs not as autonomous units but as an integral part of the production, circulation, consumption and disposing circuits.

The acquisition of mixed or exclusively photographic[16] collections in their entirety is stimulated by archival science long-standing broad view of documentation. Keeping a series or organic documental groups together, on the one hand, preserves the document's scientific exploration potential, they are not fragmented according to specific interests. On the other, it guarantees better understanding of the meaning generated by the images, since they are contextualised. To discover, therefore, anonymous labour in Museu Paulista's photographs does not mean to build a repertoire of images as a counterpoint to the elite's, but to understand how the identity of a vast number of people found its fulfilment in labour, albeit in a precarious way.

In a society that credits its viability to technology, social agents tend to transfigure themselves into professional types. From the second half of the 20th century, images of workers associated to their tools (pick-axe or the surgeon's knife) and to industry's machines sedimented into a vast repertoire. The body, monumentalised by modern photography formal resources and moulded by uniforms, masks, lenses and muscles, "ignored" the camera to guarantee the perfect staging of the represented activity. But the machine was not always associated to the presence of the worker in photograph records. In the beginning of the century, a formula recurrent in commemorative publications was to present the image of a crowd of workers in front of the factory, with the workshops empty, where the machines, and them alone , were the theme[17]. The articulation element of these two ends – worker and machine – was the entrepreneur, with his pictured bust, identified by his name written in full. It was common to show himself with members of the family, or even inside his residence, indicating how the owner's identity extended to these personal characteristics, therefore, of individualising nature.

It is precisely the tension present in the long process of reducing personal identity to labour categories can be glimpsed at in the images of the Madeira-Mamoré Railway building, produced by Dana Merril between 1909 and 1910[18]. In this 189-negative series one can notice the oscillation between 2 types of representation: the portrait and the documental record. Alongside earth collapsing and floodings scenes, showing workers engulfed by a veritable war between engineering science and the wild nature of the forest, the photographer produced a series of portraits along the lines of pictorial tradition. This mode of representation discarded the body, seeking in the client's face their most distinctive marks. When beside the imposing machine, centrally framed, the worker looked at the camera, hands on hips. His stance opposes the disciplined body, fighting with the gears for room in his portrait (Pictures 22 and 23).

Seen in their entirety, Dana Merril's images live a dramatic confrontation between the individual's representation and that of the great technological, political and territorial conquest enterprises. Traditionally, these two representations occupied compartmentalised social territories. In the engineering images one finds exclusively monumentalised iron structures, such as in the Santos-Jundiaí Railway, photographed by Militão in 1860, victoriously standing alone in the jungle[19]. The portrait's proper space was in the studio. In the thousands produced by Militão in his Photographia Americana studio, one notes that very few individuals chose to pose with their working tools. Poor men, free or slave, found in the sober and restrained stance, in the resting arm and valorisation of physionomy their most dignified way of registration.

Toys: introjected models

Right from the start two categories of toys should be identified: hand-made and industrial. The latter are the field where Museu Paulista works, as far as collection typology is concerned.

Hand-made toys are more readily identified with traditional cultures[20], that is, those which seek to preserve traditions through repetition of their ancestor's cultural patterns by their children. They are typology usually found in ethnology museums, among them folklore museums. Industrial toys are associated with consumers society, resulting from serial production. They link up with cultural traditions' rupture, diffusing fashions and novelties.

The idea of a toy nucleus within Museu Paulista's collection is recent (a few years old) and has just started to be gathered. Its circumscription is the industrial toy in Brazil (not necessarily Brazilian), from its first insertion among us by the end of the 19th century up to the 1950's. This decade is Museu Paulista's watershed for all collections, corresponding to a national industry's boom and to broad changes in the production and consumption networks in general.

From a material culture's perspective, it was noticeable how enriching the formation of a toy collection would be in a history museum. Particularly if one considers the institution has as its aim the understanding of Brazilian society, specially its São Paulo segment. Inseparable from childhood, it is really an adult self-representation[21]. It diffuses the way a society sees itself and shows itself to its children. It plays the part of a model, being consumed in greater number by higher income social classes.

Through toys, one can understand a lot about world projects of the societies that produced them, as well as their impact on the societies that consumed them.

In the Brazilian instance, up to the 1930's, there were in the country only very small toy factories, and most of the toys consumed were of foreign origin. This alone begs questions of how foreign models were assimilated by local society; questions as to how, through toys, globalising foreign patterns were introjected from the end of the 19th century. When the first great Brazilian toy factory was opened in Brazil in 1937 (Manufatura de Brinquedos Estrela), the foreign model had already been established as a cultural pattern.

Among the many possible slants on seeing the toy as model, we find that which examines it as a producer of labour patterns. Through toys, a lot was "taught" to boys and girls about their functions in society. What activities, what work was "appropriate" for each sex.

For the girls, house-keeping activities were rehearsed by the little ovens, pans, miniature crockery; tiny sewing machines and irons; small furniture, dollhouses, the house world, in short, peopled by dolls and babies[22] (Picture 24).

For the boys, machines, vehicles, toy guns. Dolls, only cowboys, soldiers and the like. The sensation of acting upon the world and the understanding of the way machines work prepared the action man, ready for labours of intelligence and confrontation. To control the whole itinerary of a train, to construct buildings and cities, to make steam-engines (the factory's movement principle) work and have as soldiers peers, for instance American, serious or friendly and fun. These would be the frame into which inscribe the professional activities of the future adult (Picture 25).

In Brazil and in other importer countries, to all that is added a particularity: the playthings not always corresponded to that which was used in the house, on the body, at factories or cities, giving toys not only a model condition – already present in the societies from whence they came – but an exogenous model.

NOTES

1. Lewis Mumford, *Arte e Técnica*, translation F. Godinho, São Paulo, Martins Fontes, n/d.
2. R. Romano (dir.), Enciclopédia Einaudi, Lisboa, Imprensa Nacional/Casa da Moeda, 1984; Milton Vargas (org.), *História da Técnica e da Tecnologia no Brasil*, São Paulo, Unesp/Ceeteps, 1994.
3. Antonia Terra de Calazans Fernandes, *Memórias dos Ofícios*, São Paulo, USP, 1997, PhD thesis.
4. Louis-Henri Parias (org.), *Historia General del Trabajo*. Barcelona, Grijalbo, 1965, 4 vols.; Antonio Santoni Rugiu, *Nostalgia do Mestre Artesão*, translation M. Menon, Campinas, Autores Associados, 1998; Maria Helena Ochi Flexor, *Ofícios Mecânicos em Salvador*, Salvador, Prefeitura Municipal, 1974.
5. Cf. José Wasth Rodrigues, *Descrições de Mobiliário*. Museu Paulista, 1948, n.60(dat.), e Tilde Canti, *O Móvel do Século XIX no Brasil*, Rio de Janeiro, CGPM, 1988, p. 63.
6. Ver Myriam Ellis, "Iluminação no Brasil Colonial. Subsídios para a sua História", *Revista do Arquivo Municipal*, n. 173, jan./jun. 1968.
7. Ernani Silva Bruno, *O Equipamento da Casa Bandeirista Segundo os Antigos Inventários e Testamentos*, Registros 1, Departamento do Patrimônio Histórico, Secretaria Municipal de Cultura, Prefeitura do Município de São Paulo, 1977.
8. José Alípio Goulart, *Transportes nos Engenhos de Açúcar*, Rio de Janeiro, Gráfica Taveira, 1959.
9. Michelle Perrot (org.), *Une histoire des femmes est-elle possible?*, Paris, Rivages, 1984.
10. Sérgio Buarque de Holanda, *Caminhos e Fronteiras*, 3. ed., São Paulo, Companhia das Letras, 1994.
11. Hannah Arendt, *A Condição Humana*, translation R. Raposo, Rio de Janeiro, Forense-Universitária, 1987; Georges Duby e Michelle Perrot (org.), História das Mulheres no Ocidente, trad. C. Gonçalves and E.Gonçalves. São Paulo, Ebradil/Lisboa, Afrontamento, 1991, Vol. 4: O Século XIX; Miriam Moreira Leite (org.), *A Condição Feminina no Rio de Janeiro*, Antologia de Textos de Viajantes Estrangeiros, São Paulo, Hucitec/Edusp/INL/Fundação Nacional Pró-Memória, 1984.
12. Anne Hugonnet, *Mulheres e Imagens: Representação*, in Georges Duby e Michelle Perrot (org.). Op. cit., pp. 336ss.

13. Maria Odila da Silva Dias, *Quotidiano e Poder em São Paulo no Século XIX*, 2. ed., São Paulo, Brasiliense, 1995; Eni de Mesquita Samara, *As Mulheres, o Poder e a Família*, São Paulo, Marco Zero/Secretaria de Estado da Cultura, 1989.
14. On ethical issues possibly involved in exhibiting elements and objects that were not produced for exhibition purposes, see, among others, Dinah Eastop and Mary Brooks, *Evidential issues for conservators and curators: concealed and concealing garments, Interdisciplinary Approach about Studies and Conservation of Textiles*, Palermo, 1998. Preprints. Palermo, ICOM-CC Interim Meeting, pp.106-108.
15. C. B. Gonçalves, *Casa da Moeda do Brasil*, Rio de Janeiro, Casa da Moeda do Brasil, 1989, p. 43.
16. *When they already were so.*
17. *Lembrança do Cotonifício Scarpa e da sua organização social na Villa Scarpa*, São Paulo, Sociedade Anonyma Scarpa, 1926; O Estado de São Paulo, Barcelona, Societé de Publicité Sud-Américaine Monte Domecq' & Cie., 1918; Lloyd's Greater Britain Publishing Company; *Impressões do Brasil no Século Vinte – Sua História, Seu Povo, Comércio, Indústrias e Recursos*, Londres, Jas. Truscott & Filho, 1913; *Gli italiani nel Brasile, S. Paolo*, Estabelecimento Graphico Pasquino Coloniale, 1922, to mention a few examples.
18. At Museu Paulista there are the American photographer Dana Merril's remaining negatives documenting the building of the Railway by May, Jekyll & Randolph Company. The project resulted of agreements with Bolivia for the transport of rubber via the River Amazon.
19. Over 13,000 images are at Museu Paulista, done by Militão Augusto de Azevedo, who worked in São Paulo between 1862 and 1887. Besides his portraits and cityscapes, he photographed the construction of the S.Paulo Railway (Santos-Jundiaí), finished in 1867.
20. In this perspective are placed the works of Paulo de Salles Paulo de Salles Oliveira, *Brinquedos Artesanais e Expressividade Cultural* (1982); Renato Requixa (coord.), Brinquedos Tradicionais Brasileiros (1983) and *Mil Brinquedos para a Criança Brasileira*, a Sesc exhibition catalogue (1982), result of a cross-discipline work group at Sesc in the 1980s.
21. Gilles Brougère, "Prologue: le jouet entre industrie et culture", in: Gilles Brougère (dir.), *Le jouet: valeurs et paradoxes d'un petit objet secret,* Paris, Autrement, 1992.
22. Up to the end of the 19th century, no dolls representing babies or children were produced. Only the adult woman was a reference.
23. Metal miniature sewing machine, German-made, 1930s / Brandless doll, 1920s, attributed to German manufacturer Kestner. *Bisque* head and putty body / Miniature coal iron, manufactured in São Paulo by A. P. Rossi, "Shirley" model. Chromed metal and wooden handle / Doll table service, German-made, in white porcelain with garland transfer / German kitchen set, in aluminium, probably beginning of 20th century / Miniature tin doll bed, springed frame, 1920s, made in Germany by Märklin.
24. Tin signal box for electric trains, Japanese made, 1950s/ Celluloid doll, Japanese-made, depicting English policeman directing traffic, whose right hand is disproportionate / Tin doll, depicting an America soldier, post-war, 1940s. Manufactured by Unique Art, New Jersey, the popular G. I. Joe character was produced from the 1930s to the beginning of the1950s, depicting the average American in different situations: coming home from war with wounded dogs in a cage, as in our piece, soldier in his Jeep, farmer in his tractor and many others / Steam boiler, in metal, made in Germany, by Märklin, around 1890. This and similar models were part of countless other toys. Fitted to miniature machines, whole factories, merry-go-rounds, they actually worked, powering the ensemble. / Raw materials car and goods car, electric train of American company Lionel. Founded in 1901 and closed down in 1958, it was, in the 1920s, the biggest manufacturer of toy trains in the USA / Building block set *Baby engineer*, 1930s. Carton box and building suggestions illustrated booklet are preserved / PUFF! PUFF! Cloth book. Paris: Hachette et Cie, n.d. Shows a series of illustrations around trains and railways, French legends penned over by the little user. The manuscript dedication on the cover says: "To the Engine driver Odilon. A gift from Thilda 1908".

Captions of the figures

1. Plain, a complex instrument, wood with iron sheet, variable size, used to level wooden surface. 15 x 7,5 x 60 cm / Hand drill with ratchet, iron and wood, also known as furadeira de prumo. 35x 17 cm. Beginning of 20th century. Instituto Borges de Artes e Ofícios de Itu (SP). Museu Paulista da USP collection. Photograph by José Rosael.
2. Ceramics and clay working tools. Beginning of 20th century. Metal. 2,5 x 19 cm. Differently shaped spatules, used for making and decorating objects produced with the potter's wheel. Instituto Borges de Artes e Ofícios de Itu (SP). Museu Paulista da USP collection. Photograph by José Rosael.
3. Regional style bed with drawers. First quarter of 19th century. Cedar and jacarandá woods. 110 x 186 x 75 cm. Simple, a model widely diffused in River Paraíba Valley region. Museu Paulista da USP collection. Photograph by José Rosael.
4. Wall-nut bed with bronze ornamentation, used with canopy and curtains. 140 x 214 x 147 cm. Made in Paris by L. Bellangé et Fils, French Imperial style, which encompassed, among other elements and motives, Egypt-inspired ornaments, then a recent archaeological discovery. Museu Paulista da USP collection. Photograph by José Rosael.
5. Copper candleholder also known as "ferule", 700's colonial style. Large brim on mouth. Has a handle. Cabreúva (SP). 18th century. 12 x 13 cm. Was used at Jundiaí Council (SP). / Tin lamp. Round plate on 3 feet, three-beaked circular chalice and circular lid with wide frame. Three chains with accessories: two toothed pincers, simple pincers, bucket and flame extinguisher. 18th century. 50 x 13 cm / White crystal base for protective glass tube. Base and middle of column worked in high relief, oval forms. On top, metal mouth. 19th century. Height 23,4 cm / Four beaked tin lamp. Portugal. 18th century. Arab origin. Has a base, sturdy rod, with gradation on oil container. Height : 39 cm. Museu Paulista da USP collection. Photograph by José Rosael.
6. Four-footed wooden post for oil lamp. The oil lamp was held by a protruding wooden beam, off the top. Minas Gerais. 120 x 30 cm / Iron lamp. Circular base with high edge, beak and short handle toothed for adjusting. Supporting beam fit in handle by a folded rectangle and plate worked on at the extremity. 14,5 x 6 cm / Tin lamp. Circular base with high edge, beak. Curved handle screwed onto base with grading for adjusting. 14 x 9 cm. 18th century. Museu Paulista da USP collection. Photograph by José Rosael.
7. View of the mining tools exhibition in the Museu Paulista basement. Two wooden pans, used for prospecting, moved round to allow gold to deposit and thus be easily retrieved. Digging tools shifted earth and rubble. Museu Paulista da USP collection. Photograph by José Rosael.
8. Gold Mining by Franta Richter (?). Oil on canvas. 1930's. 117 x 108 cm. Original drawing by John Moritz Rugendas "Washing of gold" (near Itacolomi, Minas Gerais). The pan and hides used in the retention of gold are visible. The use of hide techniques is present: immersion in water and ulterior beating to release gold dust. Shows mining daily life: removal of earth and rubble from the mines, its transport, resting , feeding, water taking and invigilation of slaves. Museu Paulista da USP collection. Reproduction by Hélio Nobre.
9. Old oxcart. Primitive means of transportation. Pieces made by Honório Leme da Silva, in the São João de Itatinga region. Date: 1892-1924. Drawing by Francisco de Almeida. No date. Black lead and coloured pencil on paper. 50 x 65 cm. They are 7 images: two wood chisels, a third of the wheel being worked on by mallet and chisel, two drawings of the three pieces fitting to form the wheel and two trays, the wheels in frontal view and the finished ox-cart. Museu Paulista da USP collection. Reproduction by Hélio Nobre.
10. Oxcart Convoy, 1840 by Maria José Egas. No date. Oil on canvas, signed Z. Egas. 50 x 65,3 cm. Museu Paulista da USP collection. Reproduction by Hélio Nobre.
11. Spinning wheel. End of 19th century. Wood and iron. 86 x 30 x 85 cm. Franca (SP). In use up to the 1920s. Museu Paulista da USP collection. Photograph by José Rosael.

12. Sewing machine. Second half of 19th century. Manual system – hand crank with wooden handle. Metal body with floral and geometric design on side plates. 27 x 21 x 44 cm. United States. Museu Paulista da USP collection. Photograph by José Rosael.
13. Needle cushion. Second half of 19th century. Silver and stuffed fabric, in the shape of a miniature feminine shoe 2,8 x 6,5 cm. São Paulo. Museu Paulista da USP collection. Photograph by José Rosael.
14 and 14a. Wedge iron, 'ox tongue' type. Bronze. 10 x 18 cm / Stove iron (for starching). Iron. 9 x 14,5 cm. Lion-necked coal iron. Iron. 11 x 17 cm /19th century. Museu Paulista da USP collection. Photograph by José Rosael.
15. National Guard inside out detail of uniform. Circa 1850. Left armhole. From top to bottom: cotton printed fabric; linen; horse hair; blue wool fabric; cotton cloak; undyed cotton fabric. Museu Paulista da USP collection. Photograph by José Rosael.
16. Santos Dumont's team finishing dirigible number 5. Paris outskirts. Circa 1901. Albumen, no author. 14,7 x 21,8 cm. Museu Paulista da USP collection. Reproduction de Hélio Nobre.
17. Dirigible number 5 leaving hangar. Paris outskirts. 1901. Albumen, no author. 13,6 x 19,5 cm. Museu Paulista da USP collection. Reproduction by Hélio Nobre.
18. National Guard Infantry Guard Uniform. 2nd Uniform Project. 1852. Museu Paulista da USP collection. Photograph by José Rosael.
19. São Paulo State Sanitation Service car. After 1911. Museu Paulista da USP collection. Photograph by José Rosael.
20. Real or vintém from the reign of Dom Manuel I (1495-1521). No date, 19,1 mm. / Portuguese real from the reign of Dom João III (1521-1557). No date, 24,1 mm. / Vintém from the reign of Dom Sebastião (1557-1578). No date, 19,5 mm. / ½ Tostão from the reign of D. Filipe II (1598-160). No date, 23 mm. Portuguese coins, silver, from the age of discoveries, which circulated in Brazil. Hammer-coined. Museu Paulista da USP collection. Photograph by Hélio Nobre.
21. 2 vinténs from the reign of D. Pedro II (1683-1706), coined for Portugal, at Oporto Mint. No date, 16,9 mm. / 640 Réis from the reign of Dom Pedro II, coined in Brazil, at Bahia Mint. 1695, 38 mm. / Cruzado Novo from the reign of Dom João V (1706-1750) coined for Portugal. 1750, 36,5 mm. / 320 Réis from the reign of Dom João V coined for Brazil, Pernambuco Mint. 1749, 31mm.
    Portuguese and Brazilian coins, in silver, coined by the balancim. Museu Paulista da USP collection. Photograph by Hélio Nobre.
22. Madeira-Mamoré Railway, in the today Rondônia State. Porto Velho Telegraphic Office, owned by the Railway. Photograph by Dana Merrill. Circa de 1909-1910. Film-pack flexible negative, gelatine. 12,6 x 17,7 cm. Museu Paulista da USP collection. Reproduction by Hélio Nobre.
23. Madeira-Mamoré Railway, in the today Rondônia State. Accident involving bridge caused by a fallen tree. Photograph by Dana Merrill. Circa 1909-1910. Film-pack flexible negative, gelatine. 12,5 x 17,3 cm. Some estimated 30.000 workers of different ethnic groups and nationalities participated in the construction, where 6.000 perished. Museu Paulista da USP collection. Reproduction by Hélio Nobre.
24. Girl's toys[23].
25. Boy's toys[24].

MUSEU DE ZOOLOGIA

PRESERVAÇÃO DA HISTÓRIA DA FAUNA BRASILEIRA

O Museu de Zoologia da Universidade de São Paulo (MZUSP) tem sua origem associada à Comissão Geográfica e Geológica da Província de São Paulo (CGG), criada em 1886 com o intuito de realizar pesquisas que servissem de base à ocupação planejada do território paulista. Seu primeiro chefe, Orville Derby, geólogo, então a cargo da Seção de Geologia e Mineralogia do Museu Nacional, nomeou o naturalista sueco Alberto Löfgren para ser auxiliar das seções de história natural. Após a proclamação da República em 1889, a CGG ficou subordinada à Superintendência de Obras Públicas, passando em 1892 à alçada da recém-criada Secretaria de Agricultura, Comércio e Obras Públicas.

No final de 1890, o Museu Sertório, formado pelas coleções particulares do coronel Joaquim Sertório, foi adquirido pelo Conselheiro Francisco de Paula Mayrink e doado ao Governo do Estado. Estas coleções, enriquecidas com acervos menos expressivos, passaram a compor o Museu do Estado, situado no Pátio do Colégio. Em 1893, as coleções do Museu do Estado foram incorporadas à CGG, formando o embrião de um Museu de História Natural, logo transferidas para a Rua da Consolação, onde funcionava a sede da CGG. Ao final daquele ano o Museu do Estado recebeu o nome de Museu Paulista, perdendo seu vínculo com a CGG. Seu primeiro diretor foi Hermann von Ihering, zoólogo alemão, há muito residindo no Rio Grande do Sul.

Em 1895, foi inaugurado o atual prédio do Museu Paulista no monumento do Ipiranga, em comemoração à Independência do Brasil. As coleções do Museu Paulista, especialmente as zoológicas e botânicas, foram consideravelmente ampliadas nessa época. Em 1925, foi criada a Seção de Zoologia. Em 1939, toda a Seção de Zoologia foi transferida, como Departamento de Zoologia, para a Secretaria da Agricultura, Indústria e Comércio, em um prédio especialmente construído para tal fim e que ainda hoje abriga suas coleções. Em 1969, o Departamento de Zoologia foi incorporado à Universidade de São Paulo, recebendo o nome de Museu de Zoologia da Universidade de São Paulo (MZUSP).

Hermann von Ihering permaneceu 25 anos na direção do Museu e, seguindo o exemplo das instituições européias, preocupou-se não apenas com a parte expositiva, mas com a edificação de coleções zoológicas para uso científico. Empenhou-se, assim, na contratação de naturalistas de campo que percorressem o Estado e as várias regiões

1. Ernst Garbe (1853-1925), naturalista-colecionador alemão que, contratado em 1902, colaborou para o crescimento das coleções zoológicas, então mantidas no Museu Paulista. Fotógrafo desconhecido, sem data.

do país colecionando exemplares para o Museu. Um dos primeiros foi Beniamino Bicego, preparador do Museu Paulista. Muitos outros colecionadores, fossem eles do quadro de apoio, pesquisadores da instituição ou coletores esporádicos, como Pinder, Zech, Hempel, Krone, Lima, Spitz, Lüderwaldt, e os Garbe, entre outros, ajudaram a enriquecer as coleções. Em 1917, assumiu a direção do Museu Afonso d'Escragnolle Taunay, que impulsionava expedições para outros Estados.

Nesta primeira etapa da história do MZUSP, a exemplo dos grandes museus de história natural da Europa, prevaleceu, como diretriz geral da instituição, a catalogação e descrição da fauna brasileira. O desconhecimento generalizado e o fascínio pela biodiversidade tropical, apoiados pela ainda incipiente teoria evolutiva, favoreceram esta fase. Ernst Garbe, por exemplo, antes de ingressar no Museu, vivia no interior de São Paulo e enviava exemplares vivos para parques zoológicos da Europa.

Ainda assim, também seguindo o exemplo dos museus zoológicos europeus, a permuta de exemplares e a aquisição de coleções particulares ajudaram a enriquecer e valorizar os acervos.

As coleções do MZUSP, reunidas pelos primeiros viajantes naturalistas e pesquisadores do Museu, documentam a fauna existente na cidade de São Paulo e arredores, assim como a de outras regiões do país, hoje inteiramente antropizadas. Muitas destas espécies desapareceram, acompanhando a deterioração de seus hábitats naturais, levando com elas seu patrimônio genético, sua história, e parte da evidência que permitiria reconstruí-la. Felizmente as coleções do MZUSP guardam parte deste acervo. Podemos, por exemplo, saber muito sobre a fauna primitiva que povoava os riachos poluídos e as matas de São Paulo e de outras regiões do país antes de serem afetadas pelo avanço da urbanização, da agricultura e da pecuária. A partir da década de 1950, o pensamento evolutivo moderno, agora mais centrado na escola americana, passou a ter mais penetração na comunidade zoológica brasileira. Passou a ter grande importância a coleta de séries de exemplares para estudo da variação intrapopulacional e geográfica. O registro da informação ecológica associada ao exemplar coletado passa também a ser de grande importância para o acervo. É com o advento do conceito dos domínios morfoclimáticos sul-americanos e com a idéia engenhosa de sua flutuação no tempo e no espaço ao longo do Quaternário que a política de coleções do MZUSP implanta seus alicerces com base teórica sólida. Começam a ser estimuladas e se buscam recursos para expedições aos grandes domínios morfoclimáticos brasileiros e para as complexas áreas de transição entre eles. Assim, a Mata Atlântica, a Amazônia, as caatingas, e, em menor grau, os cerrados passaram a ser inventariados sistematicamente. Na Amazônia, como no passado, as vias de penetração seguiram os cursos fluviais; nos demais ecossistemas, as estradas disponíveis permitiram planejar transectos para amostragem geográfica dos domínios e das áreas de transição entre eles.

2. Coletando peixes no igarapé do lago Manacapuru, Amazonas. Fotografia de Heraldo A. Britski. 1967.

Merece aqui destaque especial a Expedição Permanente à Amazônia (EPA), realizada nas décadas de 1960 e 1970. A expedição percorreu, a bordo dos barcos Lindolpho Guimarães e Garbe, adquiridos com verba da Fundação de Amparo à Pesquisa do Estado de São Paulo (Fapesp), os trechos navegáveis dos principais rios da Amazônia em busca de espécimes zoológicos. Foram expedições multidisciplinares, chefiadas por Paulo Emílio Vanzolini e das quais, além do pessoal do Museu de Zoologia, participaram ativamente estudantes de pós-graduação e destacados líderes de pesquisa de instituições do exterior. Do ponto de vista da cobertura geográfica, estas expedições forneceram o maior acervo zoológico disponível sobre a Amazônia. Seu valor é incalculável, não apenas para o estudo dos padrões de evolução da fauna neotropical, mas também como registro do que existia numa Amazônia pouco alterada pelas atividades do homem.

3. As embarcações especialmente construídas para a Expedição Permanente à Amazônia: o barco Garbe e o batelão Lindolpho Guimarães. Fotografia de Heraldo A. Britski, 1967.

É com base nestas coleções que se inicia o estudo dos mecanismos que podem explicar a origem e a diversidade da fauna neotropical. Sendo o continente a unidade de estudo, é estimulada a permuta de exemplares com instituições norte-americanas, européias e sul-americanas, aumentando a representatividade da fauna neotropical no acervo.

Paralelamente, a tentativa de elucidar relações de parentesco entre grandes grupos zoológicos exige do MZUSP o aumento da cobertura geográfica das coleções para a pesquisa científica. Embora o acervo mantenha-se prioritariamente voltado para o estudo da fauna neotropical, a necessidade de estudar a filogenia de alguns grupos de nossa fauna leva a ampliar o programa de permutas, visando ter representadas no acervo espécies de outros continentes. Estas aquisições, indispensáveis para tentar compreender a história basal e as relações filogenéticas de grupos de divergência mais antiga, colocam-no definitivamente no mesmo patamar científico dos grandes museus do mundo.

O material oriundo de expedições de coleta, permutas, doações e aquisições de coleções zoológicas atinge hoje o patamar aproximado de sete milhões de exemplares, constituindo o maior acervo zoológico da América Latina e o maior acervo de fauna neotropical do planeta.

Este patrimônio é extremamente rico não apenas do ponto de vista da pesquisa científica pura, mas indispensável para delinear futuras estratégias de conservação para nosso planeta. Sabendo que as espécies têm preferências ecológicas, os registros que as coleções do MZUSP abrigam são essenciais à reconstituição das paisagens naturais onde foram coletadas, à compreensão de sua distribuição geográfica e à compreensão dos padrões e processos evolutivos que lhes deram origem. O registro temporal e seqüencial de espécies e de comunidades de espécies em áreas hoje muito alteradas fornece a matéria-prima necessária para compreender alguns dos processos que levaram à sua reestruturação ou extinção. Este tipo de conhecimento é elementar para delinear estratégias de manejo e conservação envolvendo áreas naturais ou alteradas.

Nos últimos anos as coleções vêm sendo muito enriquecidas com amostras oriundas dos resgates de animais de empreendimentos do setor hidroelétrico brasileiro. O MZUSP tem funcionado como depósito-testemunho da fauna existente nessas áreas antes dos alagamentos. Este material, que representa para alguns grupos a amostra mais fiel das comunidades que ali viviam, constitui um patrimônio incalculável para pesquisas ecológicas, evolutivas e na área voltada para a conservação futura de ecossistemas.

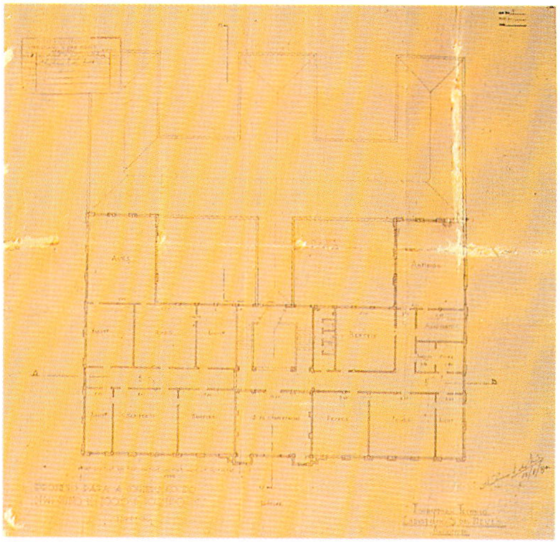

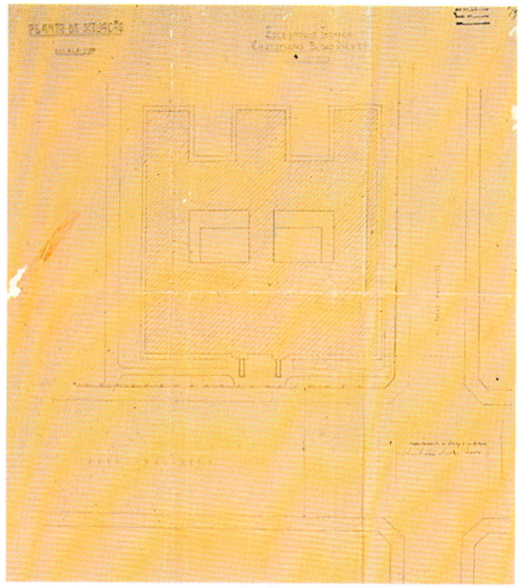

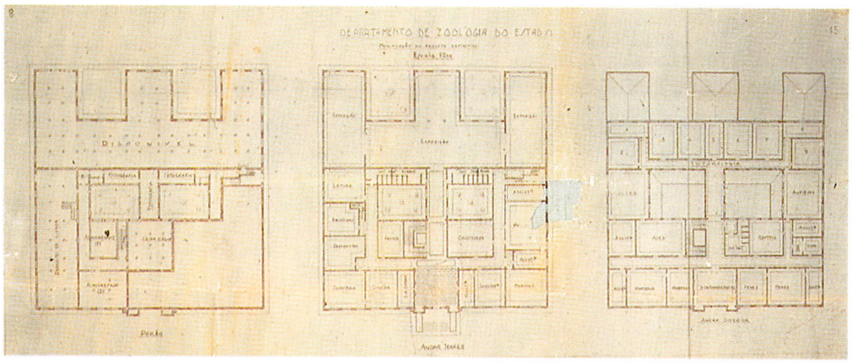

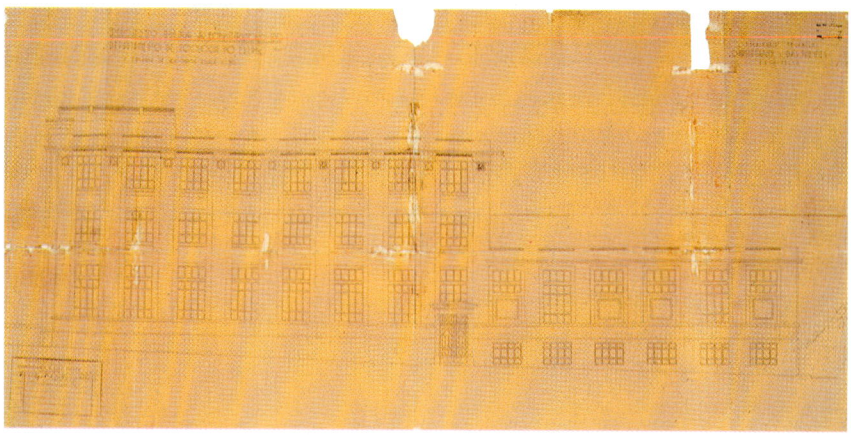

4. Plantas originais do atual prédio do MZUSP. Projeto do arquiteto Christiano S. das Neves, 1940.

5. Museu de Zoologia, prédio atual no bairro do Ipiranga, São Paulo. Fotografia de César Rocha, 1999.

O Museu de Zoologia da Universidade de São Paulo é, sob a óptica de seu acervo, a maior instituição zoológica brasileira. Seus docentes e pesquisadores publicam regularmente os resultados de suas pesquisas em revistas nacionais e estrangeiras. Ao longo dos anos o Museu tem tido um forte papel na formação de recursos humanos qualificados na área zoológica, tanto na graduação quanto na pós-graduação. Inúmeros mestres e doutores, hoje contratados nas mais diversas instituições brasileiras, obtiveram seus alicerces de formação no Museu. Seu rico acervo é freqüentemente consultado por pesquisadores de instituições nacionais e estrangeiras, por estudantes de pós-graduação e de iniciação científica, que procuram constantemente o museu para realizar seus trabalhos.

Esta posição de destaque do MZUSP, tanto no âmbito nacional como no internacional, deve-se à valorização e ao relevo histórico de seu acervo científico. Não obstante sua importância na área científica, o papel de extensão cultural do Museu precisa ser muito aprimorado.

Montada no final do século passado, a exposição de longa duração foi concebida nos moldes da época e baseia-se em coleções de animais taxidermizados reunidos a partir de 1870 pelo Coronel Joaquim Sertório. No início da década de 1940, a exposição, até então localizada no Museu Paulista, foi transferida para o prédio atual do Museu. Naquela altura sua reformulação centrou-se na redução do material taxidermizado exposto e na elaboração de seis grandes dioramas representativos de ambientes brasileiros que incluíam representantes de sua fauna associada. Com poucas

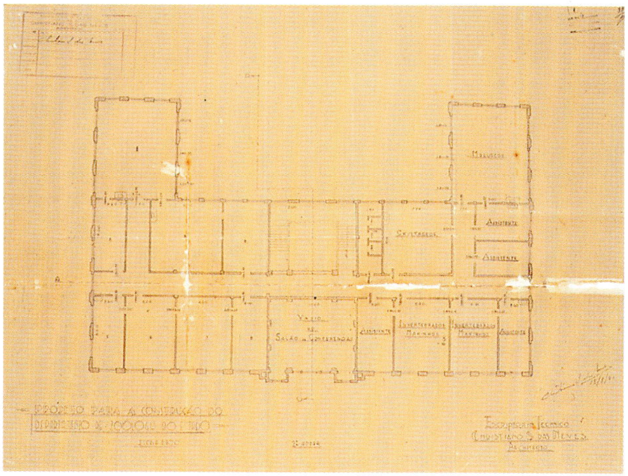

6. Fachada principal, plantas e cortes do projeto do MZUSP. C. S. das Neves, 1940.

modificações, ela assim permanece até hoje. Instalada em área de cerca de 500 m², falta não apenas uma ordem lógica que reflita a evolução dos grupos zoológicos, transmitindo os conceitos biológicos mais importantes, mas, sobretudo, uma organização que também forneça ao visitante informação sobre a importância e o caráter interdisciplinar da pesquisa zoológica. Hoje, por ocuparmos a liderança mundial em riqueza da biodiversidade, e diante do assoreamento progressivo de nossos ecossistemas, cabe ao Museu um papel fundamental na difusão da consciência da conservação. É lamentável que a maior e a mais rica cidade brasileira não disponha de um museu zoológico dotado de um espaço expositivo, onde os vários setores da população possam obter informações sobre a história da vida, ampliando seu universo cultural. Reorganizar a exposição nos moldes acima, aumentando e modernizando seu conteúdo informativo, dotando-a de atratividade visual com métodos expositivos modernos, permitirá que os usuários se sintam envolvidos pelo tema, fazendo do Museu um local de aprendizado e de reflexão.

7. Saguão de entrada e passagem para a exposição. Fotografia de César Rocha, 1999.

8. Grupo de alunos do ensino fundamental durante visita monitorada. Fotografia de César Rocha, 1999.

Hoje, a exposição permanente e as várias exposições temporárias organizadas pelo Museu, apesar da falta de atualização, são visitadas anualmente por cerca de 50 mil pessoas. A modernização da exposição certamente permitirá ampliar muito o número de usuários.

A recente aprovação do regimento do Museu de Zoologia criou, pela primeira vez na história do Museu, uma Divisão de Difusão Cultural. Embora ainda em fase de implantação, o MZUSP já conta com um educador que vem organizando o Serviço Educativo para atender melhor os visitantes e as centenas de escolas de ensino fundamental e ensino médio (536 em 1995) que levam seus alunos à instituição para enriquecer sua formação. Pretendemos aprimorá-la muito nos anos que estão por vir.

9. Detalhe do "vitral do jacaré" no saguão das escadas do primeiro andar. O vitral foi feito pela Casa Conrado, São Paulo. Fotografia de César Rocha, 1999.

A ESTAÇÃO BIOLÓGICA DE BORACÉIA

O Museu de Zoologia possui uma área numa reserva de mata atlântica primária situada na Serra do Mar, a Estação Biológica de Boracéia (EBB). O local escolhido para a base da estação situa-se a cerca de 900 metros de altitude na Serra do Mar (São Paulo), numa região de morros florestados, que culminam numa escarpa abrupta. Boracéia está no topo desta escarpa, onde de alguns pontos se avista a costa. Seu relevo é bastante acidentado, havendo desníveis de cerca de 100 metros entre o topo das montanhas mais elevadas e o vale dos rios. A margem leste da escarpa é recortada por uma série de pequenos riachos de água cristalina, com leito rochoso e arenoso, que correm para o Atlântico. No platô, estes riachos formam uma rede mais complexa e fluem para o Rio Tietê, ao norte, e para o Paraná, a oeste. A EBB encontra-se no divisor de águas de dois rios menores: o Guaratuba e o Rio Claro. A Estação fica a 17 quilômetros da cidade de Casa Grande (São Paulo) e está inserida numa área de 16.450 hectares de matas preservadas pelo Saneamento Básico do Estado de São Paulo (Sabesp). A área pertencente à EBB é de 96 hectares.

10. Detalhe do vitral central no saguão das escadas do segundo andar. A existência de cinco vitrais garante iluminação natural nas escadarias. Fotografia de César Rocha, 1999.

A floresta que circunda a EBB faz parte de uma faixa contínua de Mata Atlântica com cerca de 10 quilômetros de largura, que se desenvolve ao longo da escarpa costeira por aproximadamente 100 quilômetros. As copas das árvores atingem cerca de 15 metros de altura, com alguns elementos emergentes eventualmente ultrapassando os 20 ou 25 metros, especialmente no fundo dos vales. Palmeiras são extremamente abundantes, assim como samambaias arbóreas e o bambu gigante. O sub-bosque apresenta-se relativamente aberto na maior parte da floresta, sendo mais denso ao longo dos riachos, onde helicônias são muito freqüentes. Numerosas lianas e epífitas, especialmente bromélias, assim como musgos e líquens crescem por toda parte devido à alta umidade relativa, que provoca intensos e freqüentes nevoeiros. O solo é arenoso-argiloso e coberto por folhas e troncos em decomposição, formando uma camada de 10 a 15 centímetros de espessura e que se mantém úmida praticamente o ano todo.

A Estação Biológica de Boracéia pertence ao Museu de Zoologia desde março de 1954, mas foi originalmente implantada pelo Governo do Estado de São Paulo em 1938, como Estação Experimental do Instituto Agronômico de Campinas. Na época tinha como finalidade o cultivo de quina para o combate à malária. Em 1954, cessado o interesse do Instituto Agronômico pela Estação Experimental de Quina, a área passou para o Departamento de Zoologia da Secretaria da Agricultura, com o nome atual, tendo por finalidade promover e facilitar a realização de pesquisas biológicas. Nesse momento, a estação já contava com algumas edificações, ainda que precárias. Em 1956, as dependências da EBB foram reformadas e aumentadas. A área da sede passou a compreender: um edifício de pesquisas com escritório, garagem, marcenaria, laboratório e moradias para biologistas e funcionários.

A EBB acompanhou o MZUSP na transferência para a USP e hoje está ligada à Divisão Científica. Tem sido utilizada freqüentemente como base de campo para trabalho de cientistas brasileiros e do exterior e de alunos de pós-graduação que ali desenvolvem parte ou a totalidade de seu trabalho. Durante muito tempo, a falta de apoio infra-estrutural, assim como a precariedade e a limitação de espaço dos alojamentos impediram o desenvolvimento de projetos de maior vulto e a realização de projetos simultâneos. Ainda assim, de 1991 para cá, muitos pesquisadores e estudantes de pós-graduação de várias instituições nacionais e estrangeiras ali trabalharam intensamente, realizando mais de uma centena de viagens, muitas delas de cunho multidisciplinar. Alguns dos trabalhos realizados, como aqueles de C. Fontanetti; R. Heyer e colaboradores; B. Snow e D. Snow; W. Wilms, V. Fonseca e W. Engels; e muitos outros, resultaram em publicações de vulto. Outros projetos encontram-se ainda em andamento e manuscritos em preparação, como aquele sobre as aves de Boracéia, por D. Stotz do Field Museum de Chicago (EUA), e seguem a mesma linha dos anteriores. São trabalhos fundamentais, seja para o conhecimento das espécies da Mata Atlântica, seja como base de dados para estudos futuros de conservação.

Em 1996, com auxílio da Fapesp foi realizada a reforma completa do edifício sede e do sistema de distribuição elétrica. Hoje é possível ministrar cursos nas próprias dependências da estação, que está preparada para receber grupos maiores de pessoas. Também os laboratórios permitem que o material ali coletado receba os primeiros tratamentos para preservação ou estudo. Diversos projetos de pesquisa estão sendo desenvolvidos.

Apesar da estação ter sido bastante visitada por pesquisadores de várias áreas da zoologia, um quadro geral sobre a diversidade de fauna da área ainda não está completo. O trabalho de D. Stotz mostra que a diversidade de aves é muito grande em razão da excepcional preservação da mata. Provavelmente o mesmo ocorre com relação aos mamíferos. Pelo menos os grandes exemplares, bons indicadores de qualidade ambiental, estão presentes e são relativamente freqüentes na estação. Para vários grupos de invertebrados que têm sido coletados em Boracéia ao longo de décadas, é também possível fazer uma sistematização didática do conhecimento. O livro monográfico de C. Costa, S. Vanin e S. Casari-Chen de 1989, sobre larvas de besouros (Coleoptera) do Brasil, é um dos trabalhos que utilizou abundante material e informação biológica obtida em Boracéia.

O Patrimônio Científico do Museu de Zoologia

O acervo do Museu de Zoologia compreende espécimes de diversas procedências; coletados por muitos pesquisadores. O material está organizado de acordo com os grupos zoológicos e cada uma das coleções preserva seus exemplares, obedecendo critérios desenvolvidos especialmente para aquele grupo. As condições de preservação dos espécimes destinados à pesquisa variam bastante de um grupo a outro e são, às vezes, completamente diferentes daquelas empregadas para preparar os exemplares destinados à exposição pública.

O acervo encontra-se assim dividido:

Coleção Ictiológica: É a maior coleção de peixes da região neotropical e uma das dez maiores do mundo, reunindo cerca de 1,3 milhão de exemplares preservados em álcool.

Coleção Herpetológica: Contando com cerca de 230 mil exemplares (100 mil répteis e 130 mil anfíbios), a imensa maioria em via úmida, é a maior coleção de répteis e anfíbios da região neotropical e a sexta do globo.

Coleção de Aves: É também a maior coleção da região neotropical e possui cerca de 75 mil exemplares. Os exemplares são taxidermizados e mantidos em gavetas. Esta coleção inclui várias espécies extintas.

11. Conjunto de aves taxidermizadas e destinadas à exposição. Fotografia de César Rocha, 1999.

12. Conjunto de aves preparadas e rotuladas, destinadas à pesquisa científica. Nos rótulos constam informações sobre a identificação do material, local e data de coleta no campo, e nome do coletor. Fotografia de César Rocha, 1999.

13. Espécime de arara-azul na exposição. Fotografia de César Rocha, 1999.

14. O Museu de Zoologia dedica-se ao estudo da fauna neotropical. Este conjunto de insetos hemípteros é um exemplo da diversidade que se encontra na região. Fotografia de César Rocha, 1999.

15. Detalhe da coleção de lepidópteros – borboletas e mariposas – em que se vê um armário compacto. Os insetos são mantidos em gavetas tampadas, que correm suavemente sobre trilhos, impedindo assim que os espécimes sejam danificados por choque mecânico, luz ou pó. Fotografia de César Rocha, 1999.

16. Conjunto de insetos, pertencentes a diferentes ordens, preparados e rotulados para serem incorporados à coleção. Fotografia de César Rocha, 1999.

Coleção de Mamíferos: Em número de exemplares (28 mil) esta é a segunda maior coleção do continente. A riqueza de informações que proporciona graças aos dados sobre sistemática e geografia faz com que sua importância cresça muito e ultrapasse seu tamanho.

Coleção de Crustáceos: Compreende 15 mil lotes determinados e registrados e outros seis mil, que ainda não foram estudados do ponto de vista da sistemática. Esta constitui-se na maior coleção deste grupo na América Latina.

Coleção de Insetos: Também é a maior da América Latina e a coleção de insetos melhor organizada do Brasil. Abriga cerca de 4,8 milhões de exemplares, que são mantidos na forma seca – em alfinetes entomológicos – ou então, em frascos com álcool. Parte deste acervo ainda aguarda montagem para ser incorporada às coleções. As ordens melhor organizadas são: Coleoptera (besouros), Diptera (moscas, mosqui-

17. As séries de exemplares da mesma espécie, como estas borboletas *Morpho*, são fundamentais para o desenvolvimento dos trabalhos sobre sistemática e evolução. Fotografia de César Rocha, 1999.

18. Exemplar de um besouro gigante, escaravelho-Hércules, mantido na coleção. Comprimento do espécime: 15 cm. Fotografia de César Rocha, 1999.

19. Onça taxidermizada, como parte do exemplo do ambiente de Mata Atlântica mostrado na exposição. Fotografia de César Rocha, 1999.

20. Os animais na exposição foram preparados para mostrar alguns de seus hábitos na natureza, como esta puma com uma presa capturada. Fotografia de César Rocha, 1999.

21. Peixes mantidos em álcool e destinados à pesquisa científica. Fotografia de César Rocha, 1999.

22. Exemplares de peixes na exposição. Fotografia de César Rocha, 1999.

tos), Heteroptera (percevejos e barbeiros), Homoptera (cigarras e pulgões), Hymenoptera (abelhas, formigas e vespas), Isoptera (cupins), Lepidoptera (borboletas e mariposas), Mallophaga (piolhos), Orthoptera (gafanhotos, grilos e esperanças) e outras ordens menores.

Coleção de Moluscos: Consiste de 40 mil lotes que incluem conchas e exemplares completos, estes últimos mantidos em álcool.

Coleção de Aracnídeos: É a terceira coleção do Brasil com cerca de 18 mil lotes, mantidos principalmente em via úmida.

Coleção de Miriápodos: É a maior coleção deste grupo no Brasil e uma das mais representativas da fauna sul-americana em termos mundiais. Contém cerca de 8,8 mil lotes.

23. Vitrine da exposição, mostrando aves comumente encontradas nos parques de São Paulo. Fotografia de César Rocha, 1999.

Coleção de Vermes: Contém cerca de 5.750 lotes, que incluem exemplares montados em lâminas, além de informações que tornam possível vincular o espécime com o hospedeiro no qual ele foi encontrado.

Coleção de Ácaros: Em número de exemplares é a segunda do Brasil: contém cerca de 1,5 mil lotes.

REFERÊNCIAS BIBLIOGRÁFICAS SOBRE O MUSEU DE ZOOLOGIA E A ESTAÇÃO BIOLÓGICA DE BORACÉIA

ANÔNIMO. 1973. *Pesquisa & Desenvolvimento.* Fundação de Amparo à Pesquisa do Estado de São Paulo, São Paulo.

BRITO, M. C. W. & JOLY, C. A. (eds.) 1999. *Infra-estrutura para a Conservação da Biodiversidade,* xxii, 150 p. Vol. 7. Biodiversidade do Estado de São Paulo. JOLY, C. A. e BICUDO, C. E. M. (orgs.). Fundação de Amparo à Pesquisa do Estado de São Paulo, São Paulo.

BRITSKI, H. A. 1969. "Lista dos Tipos de Peixes das Coleções do Departamento de Zoologia da Secretaria da Agricultura de São Paulo". *Papéis Avulsos de Zoologia,* SãoPaulo, 22: 197-215.

COSTA, C.; VANIN, S. A. & CASARI-CHEN, S. A 1988. *Larvas de Coleoptera doBrasil.* viii + 288 p.; 165 figs. Museu de Zoologia da Universidade de São Paulo, SP.

CUSTÓDIO-FILHO, A. 1989. "Flora da Estação Biológica de Boracéia – Listagem das Espécies". *Revista do Instituto Florestal,* São Paulo, 1: 161-199.

HEYER, W.R. *et al.* 1990. "Frogs of Boracéia". *Arquivos de Zoologia*, São Paulo, 31: 231-410.

PINTO, O. 1945. "Cinqüenta Anos de Investigação Ornitológica". *Arquivos de Zoologia,* São Paulo, 4: 261-340.

SNOW, B.K. & SNOW, D.W. 1985. "Display and related behavior of male pin-tailed manakins". *Wilson Bulletin,* Ann Arbor, Michigan, 97(3): 273-282.

TRAVASSOS FILHO, L. & CAMARGO, H. F. de A. 1958. "A Estação Biológica de Boracéia". *Arquivos de Zoologia*, São Paulo, 11: 1-21.

VON IHERING, H. 1895. "História do Monumento do Ypiranga e do Museu Paulista". *Revista do Museu Paulista,* São Paulo, 1: 9-31.

WILMS, W.; FONSECA, V. L. I. & ENGELS, W. 1996. "Resource partitioning between highly eusocial bees and possible impact of the introduced africanized honey bee on native stingless bees in the Brazilian Atlantic Rainforest". *Studies on Neotropical Fauna and Environment,* Amsterdam, 31: 137-151.

MUSEU DE ZOOLOGIA

Preservation of the history of the brasilian fauna

The Museu de Zoologia da Universidade de São Paulo (MZUSP) has its origins in the Comissão Geográfica e Geológica da Província de São Paulo (CGG), created in 1886 with the aim to give support to the occupation of the São Paulo territory. Its first chief of staff, Orville Derby, a geologist, was also responsible by the Seção de Geologia e Mineralogia do Museu Nacional (Rio de Janeiro), appointed the Swedish naturalist, Alberto Löfgren, to give auxiliary support to the sections of Natural History. When the Republic was proclaimed in Brazil, in 1889, the CGG became subordinated to the Superintendência de Obras Públicas, and in 1892 it was transferred to the newly created Secretaria de Agricultura, Comércio e Obras Públicas.

By the end of 1890, the Museu Sertório, created from the personal collections of Coronel Joaquim Sertório, was bought by the Conselheiro Francisco de Paula Mayrink and donated to the São Paulo state government. These collections, enlarged by less important ones, constituted the Museu do Estado, then placed at the Pátio do Colégio. In 1893 the collections of the Museu do Estado were also incorporated into the CGG, establishing the starting point of a Natural History Museum, and were promptly transferred to the Rua da Consolação, where the seat of the CGG was installed. By the end of the same year, the Museu do Estado got the name of Museu Paulista, thus losing its links with the CGG. The first director of the new museum was Hermann von Ihering, a German zoologist, living at Rio Grande do Sul for a long time already.

In 1895, the new building of the Museu Paulista was opened together with the Ipiranga monument, in commemoration of the Independence of Brazil. The collections of the Museu Paulista, particularly those consisting of botanical and zoological specimens, grew considerably in this period. In 1925, the Seção de Zoologia was created. In 1939, the Seção de Zoologia was transferred to the Secretaria da Agricultura, Indústria e Comércio, under the designation of Departamento de Zoologia, occupying a building especially designed to this end. This building still houses the zoological collections. In 1969, the Departamento de Zoologia was incorporated by the Universidade de São Paulo, under the name of Museu de Zoologia da Universidade de São Paulo.

Hermann von Ihering remained as the director of the Museum for 25 years and, following the tendency of European institutions, he was concerned not only with the exhibits but also with the establishment of zoological collections for scientific research. For this purpose, he succeeded in admiting field naturalists who travelled over the state and country, collecting samples for the museum. One of the first to be admitted was Beniamino Bicego, a former technician of the Museu Paulista. Many other collectors, acting as supporting technicians, researchers of the instituition, or temporary collectors, as Pinder, Zech, Hempel, Krone, Lima, Spitz, Lüderwaldt, and the Garbes, among others, helped to enrich the collections. In 1917, Afonso d'Escragnolle Taunay assumes the direction of the Museum and estimulates expeditions to other Brazilian states.

During this first phase of the MZUSP history, cataloguing and the description of the Brazilian fauna prevailed as the main activities of the institution, following the example of the great European museums on Natural History. This phase of development was favoured by the general lack of information and the fascination by the tropical biodiverstiy, helped further by the still incipient knowledge on the evolutionary theory. Ernst Garbe, for instance, before his admittance to the Museum, lived in São Paulo contryside, from where he used to send living animals to Zoological Parks in Europe.

Following the example of European museums of zoology, the exchange of specimens and the acquisition of sets from private collectors helped to enlarge and improve the Museum's collections.

The collections of MZUSP, assembled by the first travellers: naturalists and researchers of the Museum, supply a documentation on the fauna then existent in the outskirts and in the city of São Paulo, and of other regions of Brazil, today completely transformed by man activity. Many of these species disappeared, following the deterioration of their natural habitats, taking with them their genetic heritage, their history, and pieces of evidence which might have allowed the reconstruction of this history. Luckily the collections of MZUSP keep the register of these species. It is possible, for instance, to know a lot about the primitive fauna that inhabited the brooks and the woods of São Paulo and other regions of the country, before they were affected by the expanding urbanization, agriculture, and cattle breeding.

Starting at the fifties, the modern evolutionary thought, then in accordance with the American school, gained prestige among the community of zoologists and was applied to the study of a number of zoological groups. The collection of series of specimens for the study of intrapopulational and geographical variation became very important. The records of the ecological information associated to the collected specimen were also included in the collections. With the concept of South American morphoclimatic domains and with the ingenious idea of its fluctuation in time and space along the Quaternary, the basis of a policy for the collections of the MZUSP was implemented on solid theoretical foundations. Expeditions to the great Brazilian morphoclimatic domains and to the complex transition areas between them were stimulated and resources to fund the expeditions looked for. Thus, the Atlantic forest, the Amazon, the Caatingas, and in a lesser degree, the Cerrados, went through a systematic inventory. As it had happened in the past, in the Amazon the paths of penetration followed the rivers' flow. In the other ecosystems, the roads available allowed the planning of transects for the geographical sampling of the domains and the transition areas between them.

The Expedição Permanente à Amazônia (EPA), that happened in the sixties and seventies, deserves a special mention here. On board of the boats Lindolpho Guimarães and Ernst Garbe, acquired with funds from the Fundação de Amparo à Pesquisa do Estado de São Paulo (FAPESP), the expedition passed through the navigable stretches of the main Amazonian rivers, collecting zoological samples. The expeditions were multidisciplinary, envolving the active participation, in addition to the regular staff of the MZUSP, of graduate students and well-known research leaders from institutions all over the world. As for the geographical area covered by the expedition, for some zoological groups, the collections are the largest available records on the Amazon fauna. Its value is incalculable, not only for the study of the evolutionary patterns of the tropical fauna, but also as a record of what existed in an Amazon not yet altered by human activities.

Taking these collections as references, the study of the mechanisms which may explain the origin and diversity of the neotropical fauna began. Considering the continent as the 'study unity', the exchange of samples with the North American, European, and South American institutions was stimulated, to attain a maximum representation of the neotropical fauna in the collections.

At the same time, the MZUSP had to amplify the geographical extension of its collections, in order to meet the exigencies of the scientific research trying to clarify the kinship among the large zoological groups. Although the collections are kept mainly for the study of the neotropical fauna, the need to research the phylogeny of some groups led to a development of the exchange program, aiming the representtion in the collections of species of other continents. These acquisitions, essential for the attempts to understand the basal history and the phylogenetic relationships of the groups presenting the oldest divergences, placed the MZUSP at the same scientific level of the great museums of the world.

The material originating in the collecting expeditions, from the exchange programs and from acquisitions of zoological collections brought together approximately 7.000.000 specimens: the largest zoological collection in Latin America and the largest collection of the neotropical fauna of the planet.

This patrimony is extremely rich, not only under the basic scientific research point of view but indipensable to plan future strategies for conservation. Knowing that species have ecological preferences, the records that the MZUSP keeps are essential to the reconstitution of the natural landscapes where the specimens have been collected; to the understanding of its geographical distribution, and to the comprehension of the evolutionary patterns and processes that gave origin to the species. The temporal and the sequential records of species and of communities of species in areas today very altered provide the basic information to the understanding of some processes that led to their recovery or extinction. This kind of knowledge is basic to design strategies for the management and conservation in natural or altered areas.

In the last few years, the collections are growing with samples rescued from venues of the Brazilian electrical plants. The MZUSP has been chosen as testimonial depository of the existent fauna in these areas before the inundation. This material, for some zoological groups, represents the most reliable sample of the communities that lived in those areas and comprises a priceless patrimony for ecological researches and for those that aim the future conservation of ecosystems.

The MZUSP, under the perspective of its collections, is the largest Brazilian zoological institution. Its teachers and researchers regularly publish the results of their work both in national and international periodicals. For many years, the Museum has had a rather important role in the formation of highly qualified personnel in the area of Zoology, acting both at the undergraduate and at the graduate level. A large number of students got their Master in Sciences and PhD degrees and the basis of their professional formation at the Museum and are nowadays working in several Brazilian institutions. The rich collections of the MZUSP are often consulted by researchers of national and international institutions, by graduate students and by beginners who look for the Museum to perform their work.

This relevant position of the MZUSP, both in the national and international perspectives is due to the value and the historical prominence of its scientific collections. However, in spite of its importance in the scientific area, the performance of the Museum in the cultural diffusion areas must still be much improved.

The exhibition dates from the end of the XIX century. It has been planned according to the standards of its time and is based upon collections of stuffed animals by taxidermy assembled, since 1870, by Coronel Joaquim Sertório. In the beginning of the '40 decade, the exhibition, originally at the Museu Paulista, was transferred to the present MZUSP building. By then, an attempt to reformulate the exhibit was concentrated in the reduction of the taxidermized material exposed and in the elaboration of six big display windows, showing Brazilian environments, including representatives of its associated fauna. With a few modifications, the exhibit remained in this way until today. Placed in an area of approximately 500m^2, it lacks not only a logic order, reflecting the evolution of the zoological groups, which would allow the diffusion of the most important biological concepts, but also an organization that could give to the visitor information on the importance and the interdisciplinary character of the zoological research. Today, as Brazil has the leadership as the richest country in biodiversity and faces a progressive ravaging of its ecosystems, the Museum assumes a fundamental role in the diffusion of consciousness of conservation. It is to be lamented that the richest and the biggest Brazilian city has not a zoological museum provided with a space for exhibitions, where the population could get information on the history of life, enlarging its cultural universe. The reorganization of the exhibition area in accordance with the objectives pointed out here, amplifying and making it suitable for the present-day needs and giving to it a visual atractiveness, using modern methods, will allow a deeper perception by the user of the zoological concepts, promoting the Museum as a place for learning and reflection.

Today, in spite of its lack of up-to-date resources, the permanent exhibition and several temporary exhibits organized by the Museum, are visited yearly but approximately 50.000 people. The modernization of the exhibition will certainly increase by far the number of visitors.

The recent sanction of the guide rules for the MZUSP has created, for the first time in the history of the Museum, a section to promote cultural diffusion, the Divisão de Difusão Cultural. Although this section is still being implanted, the MZUSP has already an instructor who is organizing the educational service to attend visitors and the hundreds of first and second grade schools - 536 schools in 1995 - which bring the students to enrich their development. The direction of the MZUSP intends to accomplish large improvements of the public exhibition in the near future.

A FOREST RESERVE: ESTAÇÃO BIOLÓGICA DE BORACÉIA

The Museu de Zoologia has an area in a reserve of primary Atlantic forest, the Estação Biológica de Boracéia (EBB). The seat of the station is placed in a plateau at nearly 900 meters of altitude in the Serra do Mar. It is a region of forested mountains, along the coast, that culminates in a abrupt and steep slope. Boracéia is at the top of this slope, from where the shoreline may be seen. The relief is rather uneven and the difference between the levels of the highest mountains and river valleys can reach 100 meters. The eastern edge of the slope is traversed by a series of small streams of crystalline water that run on sandy and rocky beds towards the ocean. At the plateau, these streams are arranged as a complex network and flow northward to the Rio Tietê and westward to the Rio Paraná. Boracéia is in between two lesser rivers: the Guaratuba and the Rio Claro. The station lays 17 kilometers from Casa Grande (SP) and is part of a 16,450 hectares area kept by the state govern service of waters' treatment (Sabesp). The area belonging to the EBB is 96 hectares.

The forest at the EBB is part of a continuous belt of Mata Atlântica, approximately 10 kilometers wide, that spreads along 100 kilometers in a north-south disposition. The crown of the trees can be 15 meters high but some elements eventually reach 20 or 25 meters, specially in the valleys. Palm trees are extremely abundant, as well as tree-ferns and giant bamboo plants. The low stratum of the forest is not densely wooded but the low plants, mainly heliconias, are closely packed together along the brooks. Many lianas and epiphytes, chiefly bromelias, and also mosses and lichenes grow everywhere favoured by a high relative humidity, that causes frequent and intense mists. The sandy-clay soil is covered with rotten leaves and trunks, that compose a 10 to 15 centimeters thick layer, permanently wet all along the year.

The Estação Biológica de Boracéia belongs to the Museu de Zoologia since March 1954, but it was originally implanted by the São Paulo State Government as an experimental station of the Instituto Agronômico de Campinas. The objective then was to establish an area to grow cinchona trees, the source of quinine, to fight malaria. In 1954, the Instituto Agronômico lost interest in the Estação Experimental de Quina and the area was transferred to the Departamento de Zoologia da Secretaria de Agricultura with the present name. The aim of the new station was to promote the research on biology and to accomplish it there were some buildings, even though in precarious conditions. By 1956, the facilities for research were repaired and enlarged, thus the station comprised: a building and office for researchers, garage, carpenter workshop, laboratory, and houses for biologists and workers.

When the museum moved to the university, the station was also transferred and today it is appended to the scientific division. It has been used as the field basis for the work of Brazilian and foreigner researchers and that of graduate students, who develop there parts or even their complete research projects. For a long time the lack of financial support and the bad state and the small dimensions of the local facilities hampered the development of more ambitious projects and the simultaneous realization of different works. Even so, since 1991, many researchers and graduate students from several national and international institutions worked intensively at the EBB, promoting more than a hundred expeditions, many of them of multidisciplinary character. Some of these projects lead to very important published works, as those of C. Fontanetti: R. Hayer and co-workers; B. Snow and D. Snow; W. Wilms, V. Fonseca and W. Engels, and many others. There are now other projects being developed and manuscripts being prepared, as that of D. Stotz, from the Field Museum of Chicago (USA), on the birds of Boracéia, and follow the same course of the precedents. All are fundamental works both to the knowledge of the species of Mata Atlântica and as a data set for future studies on conservation.

In 1996, with the support of Fapesp, the central building and electrical distribution system were completely restored. Nowdays is possible to hold courses at the station itself, which is prepared to receive large groups. Also the laboratories allow the collected material to get the first treatments for preservation and study. Several research projects are being developed.

A general survey on the diversity of the fauna of the area is not complete yet in spite of the large number of specialists in several zoological groups that have visited the station. D. Stotz's work shows that in this area the diversity of birds is very high because of the excepcional preservation of the forest. Probably the same occurrs where the mammals are concerned. The big specimens at least, good indexes of the environmental quality, are relatively frequent at the station. Also for the invertebrates, that have been sampled in Boracéia for many years already, it is possible to organize didactally the systematic knowledge gained. The monography by C. Costa, S. Vanin and S. Casari-Chen, 1989, on beetles (Coleoptera) larvae from Brazil, is one of the works that abundantly employed materials and information collected in Boracéia.

SCIENTIFIC PATRIMONY OF THE MUSEU DE ZOOLOGIA

The collections of the Museu de Zoologia comprise specimens from several localities that have been collected by many researchers. The material is organized in accordance with the zoological groups and each collection keeps the samples obeying the criteria especially developed for that group. The conditions for the preservation of the specimens intended for scientific research are rather different from one group to the other and, in some cases, are totally different from those used in the preparation of the samples for exhibits.

The patrimony is divided in the following collections:

Ichthyological Collection – It is the largest collection of fishes of the neotropical region and one of the 10 largest of the world. It assembles approximately 1,300,000 specimens kept in alcohol.

Herpetological Collection – Including nearly 230,000 specimens (100,000 reptiles and 130,000 amphibians), most of them in alcohol, this is the largest collection of reptiles and amphibians of the neotropical region and the 6th of the globe.

Bird Collection – It is also the largest in the neotropics and has about 75,000 specimens. The samples are taxidermized and kept in drawers. This collection includes several species already extinct.

Mammal Collection – Considering the specimens number (28,000) this is the second largest in the continent. The abundance of information on systematics and geography that it affords makes its importance outgrow its size.

Crustacean Collection – It comprises 15,000 lots determined and registered and another 6,000, not yet studied under the point of view of systematics. This is the biggest collection of this group in Latin America.

Insect Collection – This is the best organized insects' collection in Brazil and the greatest in Latin America. It includes around 4,800,000 specimens kept both in the dried form – on entomological pins – or in alcohol. A number of specimens still waits mounting to be incorporated into the collection. The orders better organized are: Coleoptera (beetles), Diptera (flies and mosquitoes), Heteroptera (bugs), Homoptera (cicadas and aphids), Hymenoptera (bees, ants and wasps), Isoptera (termites), Lepidoptera (butterflies and moths), Mallophaga (lices), Orthoptera (locusts, crickets, and grasshoppers) and other minor orders.

Molluscan Collection – Consists of 40,000 lots, which comprise shells and complete specimens, the latter kept in alcohol.

Arachnidan Collection – It is the third collection of this group in Brazil with nearly 18,000 lots, kept in alcohol.

Myriapodan Collection – It is the biggest collection of this group in Brazil and in international basis, one that better represents the South-American fauna. Includes around 8,800 lots.

Worm Collection – Comprises approximately 5,750 lots that include samples mounted in slides, in addition to informations that allow to link the sample with the host in which it has been found.

Acari Collection – As for the specimens number, this is the second in Brazil, with about 1,500 lots.

Captions of the figures

1. Ernst Garbe (1853-1925), a German collector and naturalist, who collaborated for the growth of the zoological collections, then kept at the Museu Paulista. He was admitted at the museum in 1902. Photographer and date unkown.
2. Collecting fishes in the igarapé of the lake Manacapuru, Amazonas. Photographer: Heraldo A. Britski, 1967.
3. The river-crafts, "Garbe" and "Lindolpho Guimarães", especially built for a permanent expedition to the Amazon (Excursão Permanente da Amazônia). Photographer: Heraldo A. Britski, 1967.
4. Original plans of the present MZUSP building. Project by the architect Christiano S. das Neves, 1940.
5. Museu de Zoologia, present building at Ipiranga, São Paulo. Photographer: César Rocha. 1999.
6. Front door and other plans of the project of the MZUSP. C. S. das Neves, 1940.
7. Entrance hall and passage-way to the public exhibition. Photographer: César Rocha, 1999.
8. First grade students during a monitored visit. Photographer: César Rocha, 1999.
9. Detail of a stained-glass, showing an alligator, in the staircase leading to the first floor. The stained-glass work was done by Casa Conrado, São Paulo. Photographer: César Rocha, 1999.
10. Detail of the central window in the second floor hall. Five stained-glass windows allow natural illumination to the staircases. Photographer: César Rocha, 1999.
11. Group of taxidermized birds prepared for the exhibition. Photographer: César Rocha, 1999.

12. Group of birds prepared and labelled. They are to be used in scientific research. In the labels there are informations on the material identification, on the collecting place and date in the field, and the name of the collector. Photographer: César Rocha, 1999.
13. An arara-azul specimen inexhibition. Photographer: César Rocha, 1999.
14. The Museu de Zoologia works at the studies on the neotropical fauna. This group of hemipteram insects is an example of the diversity observed in this region. Photographer: César Rocha, 1999.
15. Detail of the lepidopteran collection – butterflies and moths – protected inside cabinets. The insects are kept in covered drawers, that slide smoothly on rails, preventing damages to the specimens by shock, light or dust. Photographer: César Rocha, 1999.
16. Group of insects of different orders, prepared and labelled to be included in the collection. Photographer: César Rocha, 1999.
17. Series of specimens from the same species, as these *Morpho* butterflies, are fundamental tools for the works developed on systematics and evolution. Photographer: César Rocha, 1999.
18. A sample of Hercules-scarab, a giant beetle, kept in the collection. Specimen length, 15 cm. Photographer: César Rocha, 1999.
19. Taxidermized jaguar, as part of the sample of the Mata Atlântica environment, shown in the exhibition. Photographer: César Rocha, 1999.
20. The specimens at the exhibition were prepared to show some of their characteristcs in nature, as this cougar holding its prey. Photographer: César Rocha, 1999.
21. Fishes kept in alcohol that are to be used in scientific research. Photographer: César Rocha, 1999.
22. Group of fishes in the exhibition. Photographer: César Rocha, 1999.
23. Window at the exhibition showing birds usually found in the parks of São Paulo. Photographer: César Rocha, 1999.

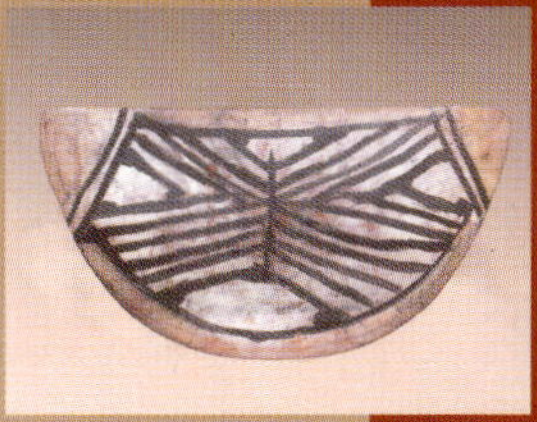

MUSEU DE ARQUEOLOGIA E ETNOLOGIA

O ACERVO BRASILEIRO
E OS 500 ANOS
DO BRASIL

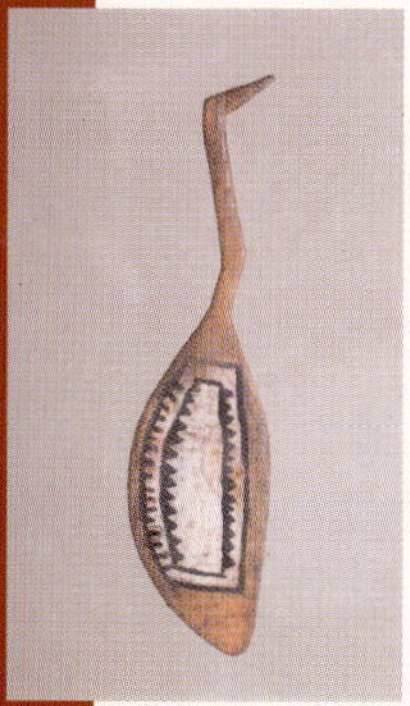

O interesse do Museu de Arqueologia e Etnologia da Universidade de São Paulo (MAE) pela pesquisa arqueológica remonta ao final do século passado. Isto se explica a partir da integração dos acervos arqueológicos e etnográficos da Universidade em 1989, quando o MAE herdou o acervo do velho Museu Paulista, cuja organização se iniciara na última década dos 1800. Com efeito, *Hermann von Ihering*, o primeiro diretor daquela instituição, fizera publicar, em 1895, no primeiro volume da *Revista do Museu Paulista*, artigo intitulado "A Civilização Pré-Histórica do Brasil Meridional", versando sobre os aspectos etnográficos das populações indígenas da época, especialmente as do quadrante meridional do País.

A chamada "fusão" dos acervos arqueológicos também aglutinou as coleções do então Instituto de Pré-História e do antigo Museu de Arqueologia e Etnologia. Enquanto o primeiro nascera das pesquisas desenvolvidas nos sambaquis da costa paulista, o segundo, na óptica das coleções nacionais, inicialmente se firmara nos acervos procedentes da Amazônia. Hoje, o MAE, na sua nova versão, congrega todos os acervos arqueológicos da USP. Certamente não apenas as coleções, mas também os documentos que veiculam a sua história, aliás, bem marcada pelas instituições antigamente detentoras desse patrimônio.

O acervo arqueológico da USP (que inclui coleções de outras partes do mundo, além do Brasil) reunido no MAE foi enriquecido com materiais de procedência variada: à pequena parcela adquirida pela instituição ou doada por amadores e colecionadores, vem sendo adicionada a grande maioria das coleções, como resultado das expedições de campo realizadas pelos arqueólogos dos quadros acadêmicos, direcionadas pela implementação de grandes projetos regionais. Hoje, estes programas de investigação científica abrangem todos os domínios ambientais do Brasil. De fato, grande parte deles se desenvolve mediante o estabelecimento de convênios acadêmicos com instituições nacionais e estrangeiras.

O ACERVO ARQUEOLÓGICO BRASILEIRO DO MAE

O acervo arqueológico do MAE-USP compõe parte significativa do patrimônio nacional, bem de uso comum do povo brasileiro. Neste caso, pode-se afirmar que, sendo as possibilidades de intervenção dos museus na ordem patrimonial muito amplas, as responsabilidades institucionais são muito grandes. Coletar, estudar, documentar, organizar, guardar, conservar, expor e educar são verbos que têm orientado a vida acadêmica do MAE, apesar das dificuldades enfrentadas pelas lacunas em termos de equipes multiprofissionais e de infra-estrutura adequada.

1. Trabalhos de escavação arqueológica. Sítio Água Vermelha (SP), 1998.

2. Limpeza de superfície e raspagem do nível lito-cerâmico. Sítio Rodrigues Furtado (MG), 1992.

A atual estrutura organizacional do MAE contempla duas áreas responsáveis pelo planejamento e implementação do processo curatorial referente às coleções arqueológicas brasileiras. Na Divisão Científica, uma equipe de arqueólogos, todos pós-graduados, implementa as diretrizes para o planejamento do programa e o gerenciamento das informações científicas a respeito das coleções. Na Divisão de Difusão Cultural, outra equipe de profissionais trabalha com a divulgação do acervo.

A exposição de longa duração Formas de Humanidade estabeleceu a plataforma básica da proposta de divulgação científico-cultural do MAE, rearticulando o contato direto com o público, apresentando uma nova face de responsabilidade patrimonial. Além de divulgar as várias formas que a humanidade vem dando, ao longo do tempo, às diferentes matérias-primas e às manifestações socioculturais, a exposição enfatiza, no caso do Brasil, um discurso expositivo, de caráter sintético e panorâmico, prioritariamente apoiado nas principais evidências materiais da cultura presentes no registro arqueológico, a saber: os objetos líticos, as vasilhas e os fragmentos de cerâmica, e a arte rupestre.

3. Trabalho de recuperação do material ósseo em campo. Sítio Água Vermelha (SP), 1998.

4. Trabalhos de documentação em pinturas rupestres. Sítio Canuto (TO), 1998.

5. Exposição dos objetos do acervo no MAE.

6. Trabalho em laboratório do MAE.

7. Monitoramento às escolas da exposição Formas de Humanidade no MAE.

O registro arqueológico no Brasil

A arqueologia é a disciplina que tem por finalidade o estudo dos modos de vida de comunidades antigas que deixaram seu registro em ambientes específicos, identificados como *sítios arqueológicos*. Se o propósito final é o estudo dos diferentes aspectos sociais, econômicos e culturais das comunidades, considerando suas *formas*, *funções* e *processos de transformação*, os meios para analisá-los são os objetos produzidos por elas, tais como permanecem no registro arqueológico. Esses objetos foram importantes na criação e recriação do universo social, devendo ser entendidos como meio de comunicação e expressão.

8. Sondagem ampliada em 2m², de forma a evidenciar e permitir a documentação de uma estrutura de lascamento inteira. Sítio Água Vermelha (SP), 1998.

Na maior parte das vezes, o *registro arqueológico* está contido em pacotes sedimentares, formando camadas antropogênicas identificáveis na estratificação natural dos depósitos. Algumas vezes, porém, o registro pode estar presente em pisos e paredes rupestres ou ser constituído por estruturas edificadas (no caso brasileiro, trata-se da arqueologia histórica). Os arranjos espaciais são, muitas vezes, detectados por evidências latentes ou intangíveis. Os antigos cenários da ocupação humana são revivenciados com o concurso de outras áreas do conhecimento como a geografia, a antropologia, a sociologia, a arquitetura, o urbanismo, a história, a etnologia, as ciências naturais e as exatas.

9 . O trabalho em campo.

O registro arqueológico dos ambientes tropicais é pobre de remanescentes orgânicos e as permanências concretas acabam ficando por conta dos materiais inorgânicos, portanto de suporte mineral. Nesse caso, incluem-se os *artefatos de pedra* (abrangendo eles próprios e os detritos decorrentes da sua fabricação, entendidos em determinados contextos espaciais) e os *utensílios de cerâmica*, obtidos por meio da apropriação de certas formas, a partir da plasticidade das argilas. Desse modo, esses tipos de evidências concretas, que traduzem aspectos materiais da cultura, são extremamente importantes no reconhecimento dos modos de vida e das estratégias de interação entre o Homem e o Meio, considerando-se as comunidades passadas.

Sambaquis

10. Colar de dentes de macaco e tubarão. Sítio Piaçagüera (SP).

Somente por volta do penúltimo quartel do século XIX é que se delinearam os primeiros conhecimentos da pré-história brasileira. Porém, teria sido Madre de Deus, o primeiro quinhentista a dar notícias da existência de sambaquis no litoral paulista. Contudo, sempre com uma visão sob a óptica da exploração de conchas, convertendo-as em cal e nunca voltado para aquele povo, os formadores dos sambaquis, como sendo eles os primeiros habitantes da costa brasileira. E é a partir daí que registramos os primeiros estudos sobre os sítios do tipo sambaqui, feitos por naturalistas, antropólogos e outros especialistas, já por volta da segunda metade do século XIX.

11. Enterramento II, adulto. Encontrava-se sobre fogueira, circundado por grandes blocos de gnaisse e diabásio. Sítio Tenório (SP).

Os sambaquis são morros compostos por conchas, colinas artificiais de dimensões variadas (de 50 a 500 metros de comprimento, de um a 40 metros de altura), cujo sedimento apresenta mais de 80% de seu conteúdo composto por conchas de moluscos bivalves. Estes sítios foram construídos entre 7 000 a 1 000 anos AP (Antes do Presente) ou entre 5 000 anos antes de Cristo até 1 000 anos depois de Cristo, por uma cultura de pescadores-coletores. Ainda existem algumas centenas de sambaquis no litoral sul-sudoeste brasileiro, portanto, a costa estava longe de estar desabitada, mas, ao contrário, intensamente povoada. Deve-se considerar que a construção ou o acúmulo de conchas não foi um fenômeno exclusivo do Brasil ou desse período, e em todo o mundo há testemunhos semelhantes que foram deixados por diferentes povos, alguns feitos em um passado distante e outros há algumas décadas.

Esses pescadores-coletores, ou sambaquieiros, como os chamaremos daqui por diante, além de construírem essas colinas, viveram sobre elas, como atesta a presença de enterramentos, fogueiras, restos de cabanas. A grande quantidade e variedade de artefatos (utensílios, ferramentas, enfeites) de concha, ossos e dentes, de pedra polida, muito elaborados (machados, moedores, polidores e esculturas, chamadas zoólitos),

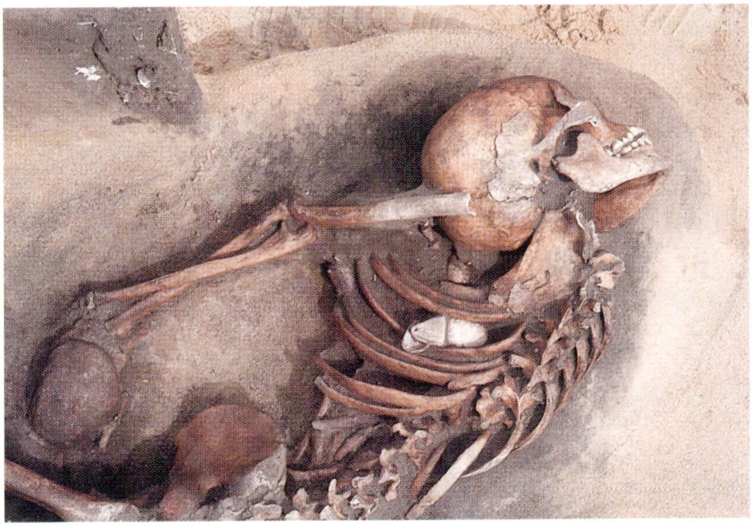

12. Enterramento XVI. Detalhe, enterramento feminino, cerca de 20 a 25 anos de vida. Apresenta pendentes de conchas entre e sobre as costelas, na mão esquerda um seixo de gnaisse. Sítio Tenório (SP).

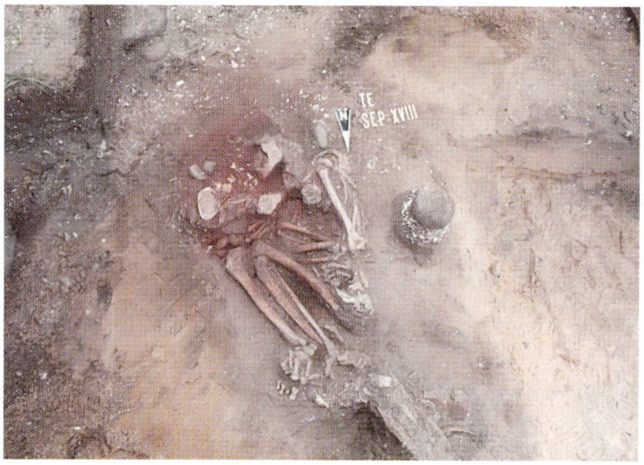

13. Enterramento XVIII de indivíduo "velho", com cerca de 60 anos. Apresentava grande quantidade de ocre na região do crânio, face e braço esquerdo, deixando esses ossos coloridos de vermelho. Sob o pé esquerdo registrou-se grande bloco de gnaisse. Sítio Tenório (SP).

atestam a presença de artesãos na sua confecção, e é provável que houvesse outros como cordoeiros e fabricantes de canoas. O cotidiano dessas comunidades era dividido entre suas duas atividades principais: a pesca e a coleta. Homens partiam em suas canoas munidos de redes e arpões (estranhamente, há poucas evidências de anzóis), eles iam à pesca, enquanto velhos, mulheres e crianças iam à coleta de moluscos na maré baixa e à coleta de vegetais em outras horas. E, em algumas ocasiões, todo o grupo se mobilizava para aumentar o sambaqui, provavelmente para sepultar seus mortos. Excluindo esta última cena, temos um cenário que lembra os pescadores artesanais de nossos dias.

O MAE, pelas instituições das quais descende, tem uma longa tradição na pesquisa destes sítios. Nos anos de 1950, Paulo Duarte e a Comissão de Pré-História, associados aos pesquisadores franceses Annete Laming e Joseph Emperaire, realizaram a escavação do sambaqui de Maratuá, na Baixada Santista. Posteriormente, com a fundação do Instituto de Pré-História da USP, Paulo Duarte e sua equipe iniciaram as pesquisas nos sambaquis do Mar Casado, Buracão e Piaçagüera. Nas décadas que se

14. Enterramento duplo, indivíduos VIII e XVI, adulto e criança, respectivamente. Adulto masculino de 35 a 40 anos, registrando-se um bloco de ocre a altura das costelas. Sítio Piaçangüera (SP).

seguiram, os sucessores de Paulo Duarte escavaram os sambaquis Cosipa, na Baixada Santista; o acampamento conchífero Tenório, em Ubatuba, e efetuaram um intenso levantamento dos sambaquis na região de Cananéia-Iguape. Com a formação do MAE, as pesquisas no litoral e nos sambaquis anteriores prosseguiram e também se diversificaram e expandiram: foram feitos estudos no litoral norte paulista, na região da Foz do Rio Ribeira de Iguape, nos sambaquis de Santa Catarina e em sambaquis fluviais.

15. Enterramento XLII, criança, cerca de 2 a 5 anos. Colar confeccionado com olivella verriauxi, dentes de seláquio e de mamíferos e pequenas vértebras de seláquio. Sítio Piaçagüera (SP).

Tendo em vista a complexidade dos sambaquis e o considerável histórico de pesquisas do MAE nesses sítios, não é surpresa constatar que este museu apresente um dos mais importantes acervos sobre sambaquis e pré-história do litoral sul-sudeste do Brasil. Este acervo apresenta toda a variedade de vestígios descobertos em sambaquis e sítios costeiros, ou seja, restos de esqueletos humanos, indústria lítica, indústria osteodontomalacológica, cerâmica e vestígios da fauna juntamente com toda a documentação elaborada pelos pesquisadores responsáveis. Assim, esse material oferece a possibilidade de estudos arqueológicos que abrangem uma quantidade de aspectos sobre uma cultura pré-histórica como poucos outros tipos de sítios podem oferecer.

16. Indivíduo adulto, masculino, cerca de 25 a 30 anos. Sob o crânio, na base do occipital, trazia um artefato, além de dentes de seláquios e de mamíferos. Sítio Piaçagüera (SP).

17. Enterramento duplo com os indivíduos XIX e XXI, masculinos, cerca de 25 a 30 anos. Blocos e seixos de diabásio e gnaisse contornam o crânio e tórax, tendo dois dos seixos entre as mãos. Sítio Tenório (SP).

18. Ponta de projétil – lítico (procedência desconhecida).

Líticos

Desde os primórdios da hominização até períodos bastante recentes, a pedra constitui a matéria-prima por excelência para a produção de artefatos líticos de uso cotidiano. A partir dos primeiros lascamentos de seixos, há mais de dois milhões de anos, o trabalho da pedra aprimorou-se, acompanhando a evolução biológica e cultural do Homem. No caso da arqueologia tropical brasileira, o objeto lítico, enquanto documento arqueológico, assume grande importância já que raramente se encontra ausente.

A *tecnologia lítica* lida com o processamento da matéria-prima. A *tipologia,* inserida no contexto da tecnologia, classifica o artefato de acordo com a tecnomorfologia do retoque ou, ainda, a apropriação de uma forma funcional previamente concebida, a partir do talhe da massa primordial. A *cadeia operatória* é constituída pelos diferentes estágios da produção de um artefato lítico, desde a aquisição da matéria-prima, a tecnologia da sua produção, o seu uso e, finalmente, o abandono final do objeto desejado ou usado. De fato, reconstituindo-se a seqüência operacional, pode-se reconhecer as escolhas feitas pelo artesão. A recorrência delas permite a caracterização das técnicas tradicionais de um determinado grupo social. Pode-se afirmar que a cultura está expressa nas escolhas que são feitas na seqüência operacional identificada.

19. Moedor – lítico (procedência desconhecida).

A tecnologia lítica, importante estágio da cadeia operatória, é composta pela redução primária, pela redução secundária e pela tipologia. A *redução primária* engloba toda a tecnologia necessária para transformar um bloco ou um seixo em núcleo: a escolha de um percutor duro e pesado, o preparo dos planos de percussão, a técnica da percussão direta ou indireta, a escolha de uma bigorna (no caso da percussão indireta). A redução primária conta, no mínimo, com o concurso de um *percutor* e um *bloco* (ou seixo); o produto é o *núcleo* e as *lascas de descorticagem* ou preparatórias do núcleo são *resíduos* potencialmente descartáveis. A *redução secundária* engloba a produção de pré-formas de artefatos, o que inclui as *lascas* (lâminas e lamelas são geneticamente lascas). A escolha de percutores menos robustos (duros ou macios) se insere no âmbito desta etapa. As técnicas de percussão direta e indireta também se associam a esta etapa. A redução secundária conta, no mínimo, com o concurso de um *percutor* e um *núcleo;* os produtos são *lascas*, *lâminas* e *lamelas*, potencialmente suportes para a confecção de *artefatos retocados*.

A *tipologia* se relaciona com a produção de artefatos, englobando as técnicas de retoque que resultam nas suas características marcantes. Apesar de um notório desvio desta característica, há de se considerar como *artefatos* aqueles objetos talhados a partir de um bloco, seixo ou núcleo ainda no âmbito da redução secundária, retocados ou não. Por definição, porém, esses produtos da redução secundária serão classificados tipologicamente. O mesmo se diz a propósito dos objetos polidos.

20. Pontas projéteis bifaciais de arenito silicificado (à esquerda) e quartzo. Município de Lajeado (TO).

21. Lâmina de machado – lítico (procedência desconhecida).

22. Ponta projétil. Acervo MAE.

23. Zoólito. Acervo MAE.

Cerâmicas

Grande importância é dada à cerâmica presente no registro arqueológico, pois, pelo fato de ser material resistente, é facilmente encontrada nos locais em que as populações que a produziram se assentaram. As vasilhas, com grande variedade de formas, decoração, técnicas de confecção e acabamento, fornecem informações sobre essas populações que, somadas aos demais dados obtidos no registro arqueológico (artefatos e demais estruturas), permitem a descrição do modo de vida e do hábitat daquelas sociedades.

As vasilhas de cerâmica tinham funções de uso cotidiano: armazenamento de água, grãos, pigmentos, cozimento de alimentos etc. Cumpriam também funções rituais quando, por exemplo, eram utilizadas em ritos funerários.

O estudo dos fragmentos de cerâmica permite descrever o conhecimento tecnológico das populações que a produziu. A observação da coloração dos cacos associada à verificação da sua composição mineralógica (qualidade da argila) pode evidenciar, por exemplo, o uso de determinado tipo de forno pelo artesão ceramista. A pintura sobre sua superfície pode dar informações sobre instrumentos utilizados nesta tarefa (dedos, espinhos, pincéis, fragmentos de taquaras etc.), o mesmo se dando no caso da decoração plástica.

24. Recipiente de cerâmica pintado (SP). Acervo MAE.

Finalmente, a comparação entre tipos cerâmicos diferentes poderá fornecer dados importantes para o estabelecimento de eventuais contatos entre populações distintas ou a evolução técnica e cultural dentro de um mesmo grupo.

25. Urna funerária cerâmica com esqueleto humano. Paranapanema (SP). Acervo MAE.

26. Vaso cerâmico de cariátides. Santarém (PA). Acervo MAE.

27. Estatueta cerâmica com base lunar. Santarém (PA). Acervo MAE.

Pinturas e gravuras rupestres

28. Vista parcial do paredão pintado da Toca do Baixão da Vaca, Serra da Capivara (PI).

As pinturas e as gravuras rupestres pré-históricas existem no mundo todo. No Brasil, nos últimos 30 anos, o estudo destes vestígios teve impulso gigantesco, começando a revelar resultados importantes para o entendimento do povoamento do território nacional. De fato, os registros rupestres têm o mesmo valor que os líticos, as cerâmicas, os materiais ósseos e as estruturas habitacionais de um sítio pré-histórico. Um fator muito próprio de tais manifestações é a necessidade de um suporte rochoso. Por isso, em locais onde não há formações rochosas adequadas (abrigos, grutas, pisos), os registros rupestres não são encontrados.

Para a elaboração de pinturas eram utilizados pigmentos minerais, tais como o óxido e o hidróxido de ferro, o caulim, além de vegetais como o urucum, provavelmente diluídos em água. Há pinturas em vermelho (várias tonalidades), amarelo, cinza, azul, preto e branco. Aparentemente, eram utilizados vários instrumentos, como os dedos, espinhos, pincéis de fibras vegetais.

No caso das gravuras, provavelmente foram utilizados instrumentos de rochas mais resistentes que o suporte para o picoteamento contínuo. Em seguida, os sulcos eram

29. Toca do Baixão da Vaca: representação de figuras zoomorfas (peixe, onça). Serra da Capivara (PI).

30. Toca do Baixão da Vaca: representação de figuras antropomorfas e zoomorfas compondo cenas. Serra da Capivara (PI).

31. Toca do Baixão da Vaca: representação de figuras antropomorfas, a maioria com adorno de cabeça compondo cena (festa?, ritual?) e uma figura zoomorfa (ema). Os ninhos de abelha, visíveis no canto inferior à esquerda, são uma das ameaças à preservação deste patrimônio. Serra da Capivara (PI).

32. Toca da Entrada do Pajaú: vista parcial de um painel com representação de figuras zoomorfas (veados, emas), antropomorfas e fitomorfas variadas. Serra da Capivara (PI).

33. Toca do Buraco do Pajaú: gravuras sobre bloco rochoso formando figuras geométricas. Serra da Capivara (PI).

alisados e polidos com areia embebida em água ou outro instrumento lítico. As dimensões lineares e a profundidade das gravuras variam bastante.

Na pré-história brasileira predominaram representações de figuras zoomorfas e antropomorfas. Há algumas representações biomorfas e geométricas (estas últimas conhecidas como "grafismos puros"). A característica que mais se destaca é a presença de composições evocando cenas de caça, dança, parto e rituais diversos. As figuras também se caracterizam pela dinâmica dos movimentos (animais a galope, figuras humanas gesticulando ou dançando).

A datação de pinturas rupestres é bastante complicada. É quase impossível obter uma data absoluta, porque a análise do pigmento determina sua própria datação e não o período em que foi utilizado. Todavia, pela datação de um depósito de calcita sobre um desenho, chega-se a uma data relativa (o desenho será sempre mais antigo que a calcita). Da mesma forma, quando se encontra um bloco desprendido de uma parede com traços de pintura em uma camada estratificada, a datação da camada poderá indicar a idade da pintura.

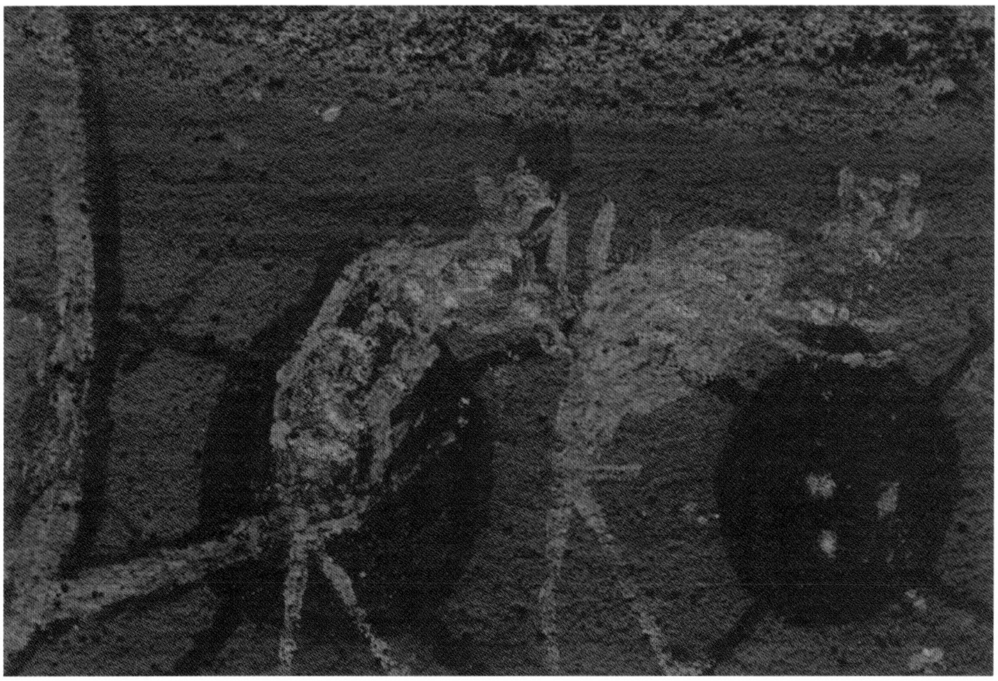

34. Toca do Boqueirão da Pedra Furada: duas figuras antropomorfas de coloração cinza-azulado sobrepostas a duas figuras em vermelho. Na extremidade esquerda aparece parte de um grande lagarto pintado nas duas cores. Serra da Capivara (PI).

35. Boqueirão da Pedra Furada: figuras antropomorfas de cor branca sobrepostas a figuras zoomorfas em cor vermelha. Serra da Capivara (PI).

36. Toca do Arapoá do Gongo: representação de figuras zoomorfas (veados). Destaca-se a técnica do desenho com contornos e preenchimento geométrico, além da cor amarela. Serra da Capivara (PI).

37. Toca do Caldeirão do Rodrigues: representação de uma cena de luta. Algumas figuras antropomorfas seguram um artefato (tacape?). Cena de sexo. Serra da Capivara (PI).

38. Toca da Extrema II: vista da parede do abrigo (arenito sedimentar) com pinturas. A corrente em frente ao abrigo é para proteção do público visitante. Serra da Capivara (PI).

39. Toca do Vento: representação de figuras antropomorfas com artefatos nas mãos (armas?) compondo uma cena. Serra da Capivara (PI).

40. Toca da Extrema II: a denominada "cena da árvore", representação que caracteriza a Tradição Nordeste. Serra da Capivara (PI).

41. Figura em vermelho, sugerindo uma onça pintada. Sítio Serra do Carmo I (TO).

42. Seqüência de pinturas zoomorfas (animais). Sítio Serra do Carmo III (TO).

O ACERVO DE ETNOLOGIA BRASILEIRA DO MAE
A HISTÓRIA DE QUEM CONTA A HISTÓRIA

O acervo etnográfico brasileiro administrado pelo Museu de Arqueologia e Etnologia tem uma história bem mais antiga que a da própria instituição que hoje o abriga.
Apesar de termos notícias de que artefatos das populações indígenas brasileiras foram coletados desde o primeiro instante do contato, e que vêm ilustrando vitrines de museus estrangeiros com o artesanato das populações "exóticas" desde o século XVI, estima-se que as coleções brasileiras mais antigas se reportam ao século XIX.
A formação das coleções em São Paulo iniciou-se com a fundação do Museu Paulista em 1895, que, seguindo as características dos museus enciclopédicos de História Natural da Europa, passou a armazenar e coletar artefatos do universo indígena.
Tratava-se de um período caracterizado pela prática do "colecionismo", que buscava organizar coleções de artefatos representativos de culturas diversas, aliado à concepção positivista evolucionista dominante no século XIX, que imprimia suas marcas na forma de composição de acervos. Buscava demonstrar, por meio dos objetos e de seus produtores, o progresso das sociedades pela preservação do passado como expressão do domínio gradativo do Homem sobre a Natureza.
Com a virada do século, tal tendência cede lugar às investigações científicas, que despertavam a preocupação em conhecer o contexto da produção material. Essa transformação em uma mentalidade de cunho investigativo encontra-se também refletida na forma de composição das coleções, que ao longo de sua história foram incorporando novas metodologias e sistemáticas de coleta, processo que se encontra registrado nas publicações do Museu Paulista.
Quando o monumento do Ipiranga, construído em comemoração à Independência do Brasil, passou a sediar o Museu, incorporou como núcleo inicial o acervo de outras instituições. Segundo dados do artigo "As Coleções Etnográficas do Museu Paulista: Composição e História", de Antonio Sérgio Damy e Thekla Hartmann na *Revista do Museu Paulista* (vol. XXXI, 1986), as primeiras coleções se originaram do Museu do Estado, formado em 1877 pela incorporação do acervo do colecionador particular Major Joaquim Sertório e do Museu da Sociedade Auxiliadora.
Isso demonstra que, embora o registro das peças tenha sido inventariado a partir de 1900, o acervo incorpora artefatos coletados antes de 1877. Infelizmente, também indica a falta de sistemática ou preocupação característica da época na preservação de

43. Vasilha para servir alimento.
Kaxinaua – Rio Curanja, afluente do Purus.
Fronteira Brasil-Peru.
RG: 7072
Coletor: Harald Schultz
Data: 1950

CERÂMICA

A produção da cerâmica é uma atividade tradicional entre vários grupos indígenas. Seus artefatos, além de apresentarem uma grande diversidade de formas que acompanham o contexto simbólico e cultural de cada etnia manufatureira, desempenham várias funções. Potes, panelas, tigelas, entre outros, são de uso doméstico destinados ao preparo e armazenamento de alimentos e líquidos. Alguns são confeccionados e utilizados para fins cerimoniais, para fins comerciais, para troca ou até como brinquedo.

44. Vasilha zoomorfa para servir alimento Waurá – Rio Batovi, afluente do Alto Xingu. Parque Nacional do Xingu (MT). RG: 11.506 Coletor: Harald Schultz Data: 1964

dados documentais e contextuais que poderiam ampliar o potencial de pesquisa referente a esse período.

Outra conclusão que pode ser evidenciada pelo acervo é a de que a Antropologia brasileira ainda era muito incipiente no Brasil e quem exercia o papel de difusor dos debates acerca da temática indígena até a década de 1940 eram os museus, que traziam pesquisadores estrangeiros como palestrantes, financiavam expedições científicas e divulgavam os resultados em publicações e exposições dos artefatos.

Essa situação, em São Paulo, só se transformou de fato a partir de 1946, com a entrada das coleções científicas. Procedimento que foi iniciado em meados da década de 1930 com a fundação da Faculdade de Filosofia, Ciências e Letras da Universidade de São Paulo e com a criação da Seção de Etnologia do Museu Paulista, que gradativamente foram formando pesquisadores que imprimiram uma sistemática de coleta apoiada em um suporte teórico fundamentado na realidade brasileira.

45. Brinquedo antropomorfo. Boneca com tanga de líber
Karajá, Ilha do Bananal (GO).
RG: 8.149
Coletor: Harald Schultz
Data: 1953

Esse novo setor do Museu foi implantando por Herbert Baldus, antropólogo que exerceu papel de fundamental importância para a constituição da pesquisa antropológica no Brasil, comprometido principalmente em instituir uma política indigenista voltada à preservação das etnias indígenas. Especialmente interessado na cultura material, contratou Harald Schultz como assistente de Etnologia, com o objetivo de ampliar o acervo material e documental do Museu.

Schultz era um grande fotógrafo e, por não ter seguido a formação acadêmica, ficou conhecido apenas como etnógrafo. No entanto, seu interesse pela preservação das culturas indígenas tornou-o responsável pela coleta de mais de 5 mil artefatos de diversas culturas, predominantemente da região do Brasil Central, e que representam hoje um terço do acervo etnográfico do MAE. Formou também um rico acervo de imagens, com mais de 2 mil fotografias e cerca de 60 filmes que retratam algumas atividades cotidianas como caça, pesca, entre outras; cenas de danças cerimoniais e alguns processos de confecção dos artefatos, muitos deles incorporados ao acervo material.

A parceria de Baldus com Schultz estabelecia uma nova sistemática de coleta das coleções, buscando a abrangência nos vários níveis de organização social, política, econômica e religiosa, enfocando a singularidade de cada grupo. As coleções foram formadas com critérios metodológicos, visando acentuar os traços de identidade étnica pela produção material e simbólica de cada grupo em suas especificidades.

A criação de universidades brasileiras definiu um novo perfil para os museus antropológicos, que passaram a desenvolver a pesquisa prática, ou seja, uma Etnologia voltada para a cultura material, enquanto a universidade seria o local de ensino e do desenvolvimento da pesquisa antropológica teórica.

46. Brinquedo zoomorfo – Jabuti Karajá, Ilha do Bananal (GO).
RG: 2.061
Coletor: Harald Schultz
Data: 1948.

Era um momento em que a Antropologia também se preocupava em definir as articulações entre a pesquisa teórica e a aplicada, bem como as fronteiras de atuação entre a Etnologia e a Etnografia.

Sumariamente, pode-se dizer que a Etnografia tem como base a coleta de dados, consistindo na observação e classificação de grupos humanos, para a reconstituição das particularidades de sua vida cultural. Cabe à Etnologia a análise dos documentos coletados pelo etnógrafo, o que atribui a ela o caráter de Antropologia Social e Cultural. O contexto de desenvolvimento da Antropologia brasileira tornou oportuna a adoção do método de investigação e coleta de artefatos, sendo consensual que estes transmitem informações necessárias para a construção de referenciais que sejam capazes de resgatar o *locus* de ação de universos sociais particulares.

47. Representação de cena doméstica Karajá, Ilha do Bananal (GO).
RG: 7.797
Coletor: Harald Schultz
Data: 1954

CESTARIA

Inúmeros grupos são caracterizados pela manufatura de cestaria, apresentando-se uma grande diversidade de procedimentos tecnológicos, tipológicos e ornamentais, atribuída ao estilo impresso por cada etnia produtora. São artefatos presentes na vida cotidiana desempenhando várias funções e utilidades, como os cestos cargueiros para transporte de alimento, esteiras, peneiras, abanadores e, entre eles, os de caráter especificamente cerimonial. A matéria-prima empregada, geralmente, é extraída das palmeiras, também utilizada por alguns grupos para a confecção de máscaras.

48. Cesto de fasquias de taquara Tukano – Rio Uaupés, afluente do Rio Negro (AM).
RG: 3.912
Coletor: Coleção J. Bech
Data: 1907

49. Cesto de Buriti ornamentado com tampa. Canela – Barra do Corda (MA). Coletor: Doação William Crocker Data: 1958

INSTRUMENTOS MUSICAIS

Os grupos indígenas produzem uma grande variedade de instrumentos musicais, geralmente são utilizados com sentido religioso. Destacam-se as flautas, que podem ser transversais, nasais, de Pan, retas, além das buzinas, chocalhos globulares, tambores, entre outros. Para sua confecção, a matéria-prima empregada pode ser madeira, taquaras, cabaças, barro, ossos de animais, sementes etc.

50. Chocalho globular
Waurá – Rio Batovi,
Alto Xingu.
RG: 11.792
Coletor: Harald Schultz
Data: 1964

51. Flauta de Pan
Gavião, Baixo Rio
Tocantins (PA).
Coletor: Doação
Eurico Fernandes
Data: 1948

As coleções etnográficas encontram-se, atualmente, alocadas no novo Museu de Arqueologia e Etnologia, que foi implantado a partir da fusão dos acervos do antigo MAE, do Instituto de Pré-História, do Museu Paulista e do acervo Plínio Ayrosa, em 1989, por decisão da Reitoria da Universidade de São Paulo de agrupar acervos afins.
Com a fusão e incorporação de acervos arqueológicos e etnográficos, o Museu de Arqueologia e Etnologia consolida-se hoje como uma das mais importantes instituições científicas e universitárias voltadas à pesquisa nas áreas de Arqueologia e Etnologia, tendo como escopo de investigação seu acervo material, estimado em 120 mil artefatos e em constante ampliação, constituído pelos setores americano, com destaque para o Brasil, africano e afro-brasileiro, mediterrâneo e médio-oriental.
Desenvolve como atribuição fundamental a pesquisa e a curadoria de seu acervo, que tem como apoio a organização, preservação, gerenciamento de suas fontes documentais e materiais, além da formação de novas coleções para complementar de forma sistemática seu acervo, transformando-o simultaneamente em produto e objeto da pesquisa arqueológica e etnológica.
O acervo etnográfico brasileiro é composto pela soma das coleções do antigo Museu de Arqueologia e Etnologia, do Museu Paulista e do acervo Plínio Ayrosa, estimado em cerca de 20 mil artefatos de procedências diversas. Pode ser considerado, hoje, como um dos mais completos e representativos acervos das populações indígenas do Brasil, em boas condições de conservação material, de documentação e armazenamento.
O acervo Plínio Ayrosa teve seu núcleo inicial formado pelas coleções do Museu de Etnografia, criado em 1935, e do Centro de Documentação Etnográfica e Social do Instituto de Educação, localizado na Faculdade de Filosofia, Ciências e Letras.
Antes da fusão, esteve vinculado ao Departamento de Antropologia da Faculdade de Filosofia, Letras e Ciências Humanas da Universidade de São Paulo, que tinha como proposta o apoio e a integração entre o ensino e a pesquisa, introduzindo os graduandos ao estudo da cultura material e aos projetos de pesquisa de seus professores e orientadores.
A soma dos acervos aumentou o espectro de pesquisa pela complementação de grupos étnicos e regiões geográficas, representadas nas coleções. Muitas delas tornaram-se importantes pelo fato de registrarem a cultura de grupos que hoje encontram-se extintos ou por celebrizarem alguns coletores de renome na Antropologia.

VIRADOR DE BEIJU

Utensílios de uso doméstico empregados no preparo do beiju, alimento a base de mandioca. São utilizados para virar e cortar a massa que é preparada em um espécie de grande frigideira de cerâmica. São confeccionados com madeira em forma semilunar ou zoomorfa e posteriormente pintados, reproduzindo motivos do grafismo característico do grupo que o manufatura. Os mesmos motivos são também empregados na cerâmica e na pintura corporal, atribuindo uma marca identificadora da cultura Waurá.

52. Virador de beiju, pá semilunar Waurá – rio Batovi, Alto Xingu
RG: 11.668
Coletor: Harald Schultz
Data: 1964

53. Virador de beiju zoomorfo Waurá, Rio Batovi, Alto Xingu. RG: 11.673 Coletor: Harald Schultz Data: 1964

Como exemplo, poderíamos citar os artefatos dos Botocudos que viviam no Espírito Santo, coletados em 1906 e 1909 por Ernesto Garbe, naturalista e fotógrafo do Museu Paulista. Esta coleção é composta por 71 peças variadas e por uma pequena série fotográfica que registra aspectos biotípicos do grupo, bem como o momento de contato.

Vários coletores se destacam pelo valor de suas coleções, como Curt Nimuendaju, que, desde sua vinda ao Brasil em 1903 e sua morte em 1945, coletou uma série de artefatos de vários grupos e em datas diversas, formando coleções entre os Guarani, Tukuna, Umutina; Marechal Rondon, quando chefe da Comissão de Linhas Telegráficas, entre 1900 e 1915 coletou no percurso mais de três mil peças, a maioria encaminhada para o Museu Nacional do Rio de Janeiro, vindo a incorporar-se ao acervo do MAE uma coleção Nambiquara com 30 peças variadas e 41 de grupos do Alto Xingu; Benedito Calixto, pintor de cunho histórico, doou em 1904 uma coleção de artefatos Guarani da região de São Vicente; Egon Schaden, enquanto docente da Cadeira de Antropologia, praticou a coleta de campo de maneira sistemática entre os anos de 1943 e 1959, formando, nesse período, uma coleção Guarani com cerca de vinte peças; Lévi Strauss, atuando na década de 1930 como professor de Sociologia na Universidade de São Paulo, em 1938, elaborou a coleção Kabixiána, com 60 itens variados, 345 peças entre os Nambiquara e uma pequena coleção de 14 artefatos Pareci; Herbert Baldus, ao dirigir a Seção de Etnologia do Museu Paulista, coletou, entre os anos de 1946 e 1947, 13 artefatos Guarani, 77 Kaingang e 22 do grupo Terena, esta última coleta em companhia de Schultz; Harald Schultz, este sendo o maior dos coletores, em longas temporadas de pesquisas, ampliou quantitativamente o acervo em cerca de 6 mil peças, sendo responsável também pela ampliação das culturas representadas no acervo. Segundo consta em necrológio elaborado por Herbert Baldus, publicado na *Revista do Museu Paulista* (n.s., XVI, 1965/66), coletou material entre 1942 e 1965 em contato com cerca de 30 grupos étnicos distintos, documentado e registrado em artigos, livros, fotos e filmes didáticos.

Estima-se que o acervo etnográfico brasileiro do MAE tenha sido composto por mais de 50 coletores, entre pesquisadores, colecionadores particulares, expedições, entre outros, responsáveis por ampliar os estudos sobre as diversas culturas indígenas presentes no território nacional.

No acervo encontram-se representadas várias categorias de objetos, como cestaria, cerâmica, adornos, plumária, armaria etc., abrangendo uma grande diversidade de culturas e regiões distintas.

Alguns grupos, como Karajá de Goiás, Guarani da costa brasileira, entre outros, constam na literatura como presentes no primeiro contato com os colonizadores, situação que muitas vezes encontra-se manifestada nos artefatos que incorporaram gradativamente algumas influências da cultura colonizadora.

As atividades de campo, coleta, catalogação e conservação de coleções vêm desafiando várias gerações de pesquisadores preocupados em preservar parte de nossa história, bem como das diversas culturas aqui existentes, mediante o estudo de sua produção material e simbólica.

Outro fator de destaque que evidencia o grande potencial de pesquisa do acervo é o de que, além de atender às várias gerações de pesquisadores, vem possibilitando a investigação para os grupos produtores que buscam atualmente resgatar muitas das manifestações que se perderam ao longo da história.

E às vésperas da comemoração dos 500 anos do Descobrimento, é importante ressaltar a existência deste rico acervo material produzido pelas populações que aqui estavam na chegada dos colonizadores, algumas resistindo até os dias atuais, por se tratar de um patrimônio único que vem sendo constituído desde o século passado.

Pelos estudos por meio da cultura material, é possível enxergar a nossa história, buscando nos objetos as ressonâncias de um passado de quem contribuiu para a sua construção.

ADORNOS

Dentre as várias categorias de objetos manufaturados pelas culturas indígenas, encontram-se os adornos, que cumprem desde funções cerimoniais de grande complexidade até decorativas. Podem se apresentar em forma de pintura corporal, cicatrizes, escarificações, deformações físicas, ou confeccionados com componentes da fauna e da flora local. Alguns adornos expressam categorias de idade, identificação sexual, status *social, entre diversas informações que pertencem ao contexto simbólico específico de cada grupo. Podem, ainda, registrar aspectos do contato com a sociedade inclusiva pela incorporação de elementos como cartuchos de bala, moedas, medalhas religiosas, botões, entre outros.*

54. Pendente chocalho com cápsula de bala Tukurina – Rio Purus, fronteira do Brasil com o Peru.
RG: 6.122
Coletor: Harald Schultz
Data: 1950

Página seguinte
55. Diadema plumário Erigpatsá – Médio Juruena (MT). RG: 14.110
Coletor: Compra – Padre Balduino Loebens
Data: 1986

MUSEU DE ARQUEOLOGIA E ETNOLOGIA

The collection of Brazilian archaeology and the 500 years of Brazil

The interest of the Museu de Arqueologia e Etnologia da Universidade de São Paulo (MAE) for archaeological research began at the end of the 19th century. This is explained by the integration of the archaeological and ethnographic collections of the University in 1989, when the MAE inherited the collection of the old Museu Paulista, whose organization began at the last decade of the nineteenth century. Indeed, Hermann von Ihering, the first director of that institution, published, in 1895, in the first volume of the *Revista do Museu Paulista*, an article entitled "The prehistoric civilization of Southern Brazil", that dealt with the ethnographic aspects of the indigenous populations of the time, especially the ones of the southern part of the country.

The so-called "fusion" of the archaeological collections also agglutinated the collections of the Instituto de Pré-História and of the old Museu de Arqueologia e Etnologia. While the first institution started with research done with the shell mounds ("sambaquis") of the São Paulo coast, the second dealt initially with collections coming from the Amazon region. Nowadays the MAE, in its new version, congregates all the archaeological collections of the Universidade de São Paulo as well as the documents that portray that history of research, which is indeed well marked by the old Institutions that formerly held these collections.

The archaeological collections of Universidade de São Paulo (including also collections of other parts of the world, besides Brazil) which are currently curated in the Museu de Arqueologia e Etnologia, are constantly being enriched by materials of varied origin, either purchased by the Institution or donated by amateur collectors. The large majority of the collections, however, has been added as a result of the field expeditions accomplished by academic archaeologists, resulting from the implementation of large regional projects. Today, such programs of scientific investigation embrace all the environmental domains of Brazil. In fact, great part of them developed from the establishment of academic agreements with other institutions, many from abroad.

THE BRAZILIAN ARCHAEOLOGICAL COLLECTIONS OF THE MUSEU DE ARQUEOLOGIA E ETNOLOGIA

The archaeological collections of the Museu de Arqueologia e Etnologia da Universidade de São Paulo include a significant part of the Brazilian national heritage, which is of common use of the Brazilian people. In this case, it can be affirmed that, given the wide possibilities of patrimonial intervention within museums, the institutional responsibilities are very heavy. Collecting, studying, documenting, organizing, keeping, conserving, exposing and educating are procedures that have been guiding the academic life of the MAE, in spite of the difficulties faced by scarce staffing in terms of multiprofessional teams and of appropriate infrastructure.

The current organizational structure of the MAE contemplates two areas, responsible for the planning and implementation of the curatorship processes related to the Brazilian archaeological collections. In the Scientific Division, an expressive team of archaeologists, all with, at least, doctoral degrees, implements the guidelines for planning and administrating the scientific information regarding the collections. In the Division of Cultural Diffusion another team of professionals develops the extroversion of the collection.

The long term exhibition "Forms of Humanity" established the basic platform for the proposed scientific and cultural popularization of the MAE. It re-articulated the direct contact with the public, presenting a new face of patrimonial responsibility. Besides presenting several forms and uses that Mankind has been giving, along time, to different raw materials, as well as the related cultural manifestations, the exhibition emphasizes also, in the case of Brazil, a discourse of synthetic and panoramic character, leaning, in its priority, on the main material evidences of culture presented in the archaeological record, to wit: lithics, whole and fragmented ceramic vessels and the rock art.

The archaeological record in Brazil

Archaeology is the discipline that has as its aim the study of the ways of life of past communities that left their record in specific settings, identified as archaeological sites. If the final goal is the study of the different social, economical and cultural aspects of those communities, considering their form, function and transformation processes, the means to analyze them are the objects produced and left by those societies, such as they present themselves in the archaeological record. Such objects were important in the creation and recreation of the social universe, and they should be understood as ways of communication and expression.

Most of the time, the archaeological record is contained in sedimentary packages, forming anthropogenic layers identifiable in the natural bedding of the deposits. Sometimes, however, the record can be present in floors and on rock walls, or it can be constituted by built structures (in the Brazilian case, it is treated of the Historical Archaeology). The space arrangements are, often, detected by latent or intangible evidences. The old scenarios of human occupation are re-evidenced with the help of other areas of the knowledge such as geography, anthropology, sociology, architecture, urbanization, history, ethnology, as well as the natural science and mathematics.

The archaeological record of tropical settings is poor in terms of organic preservation. Consequently, the actual preservation happens more with inorganic materials, thence of mineral support. In that case, there are stone artifacts (including artifacts themselves and the debris of their production) and ceramics, made out of the plasticity of clays. In this sense, such types of concrete evidences, which translate material aspects of culture, assume capital importance in the recognition of the life manners and of the interaction strategies between people and the environment.

Sambaquis (Shell Mounds)

It was only near the end of the XIX century that the first knowledge of the Brazilian prehistory was delineated. It would have been Madre de Deus, though, the first 16th century chronicler to give news of the existence of sambaquis in the coast of São Paulo. However, their concern was always an economic perspective on the exploration of shells, turning them into lime, and never with focus on the people, the builders of the sambaquis, which were the first inhabitants of the Brazilian coast. From the second half of the 19th century on, one registers the first studies on sambaquis, which were done by naturalists, anthropologists and others.

The sambaquis are artificial hills of varied dimensions (from 50 to 500 meters in length, from one to 40 meters of height), whose sediment presents more than 80% of its content composed by shells of bivalve mollusks. These sites were built between 7.000 to 1.000 years BP (Before Present) or between 5000 BC to AD

1000, by a culture of fishermen-gatherers. Some hundreds of sambaquis still exist in the Brazilian southern and-southeastern coasts. The coast was far from being uninhabited. Actually it was intensely populated. It should be considered that the construction or the accumulation of shells was not an exclusive phenomenon of Brazil or of that period. Everywhere in the world there are similar testimonials that were left by different people, some done in a distant past and others having some decades.

Those fishermen-collectors, or "sambaquieiros" as we will call them hence forth, besides building those hills, lived on them, as is attested by the presence of burials, bonfires and vestiges of huts. The great amount and variety of artifacts (utensils, tools, decorations) in shell, bones and teeth; of artifacts of polished stone very elaborated (axes, grinders, polishers and sculptures, called zooliths), attest the artisans presence in the making of those artifacts, and it is probable that there were also other as rope manufacturers and manufacturers of canoes. The daily routine of those communities was divided into two main activities: fishing and the collecting. For the fishing expeditions men departed in their canoes equipped with nets and harpoons (there are, oddly, few evidences of fishhooks), while the elder, the women and children collected mollusks in the low tide and vegetables in other hours. And, in some occasions, the whole group was mobilized to increase the sambaqui, probably to bury their deads. Except for that, we have a scenery that reminds us of the traditional fishermen of our days.

The Museu de Arqueologia e Etnologia, through the institutions which it descends of, has a long tradition in the research of these sites. During the fifties, Paulo Duarte and the Commission of Prehistory, associated to the French researchers Annete Laming and Joseph Emperaire, accomplished the excavation of the sambaqui of Maratuá, in the "Baixada Santista", São Paulo. Later, with the foundation of the Instituto de Pré-História, Paulo Duarte and his team began the researches in the Mar Casado, Buracão and Piaçagüera sambaquis. In the decades which followed, Duarte's successors dug the sambaquis Cosipa, in the Baixada Santista; the Tenório shell-midden, in Ubatuba, making, as well, an intense survey of the sambaquis in the area of Cananéia-Iguape. With the consolidation of the Museu de Arqueologia e Etnologia, research in the coast and in the sambaquis mentioned previously continued, being also diversified and expanded. There were studies in the northern coast from São Paulo, in the area of the Mouth of Rio Ribeira of Iguape, in the sambaquis of Santa Catarina and in fluvial sambaquis.

If we consider the complexity of the sambaquis and the significant report of researches of the MAE in those sites, it is not surprising to verify that this Museum has one of the most important referring collections to the sambaquis and to the prehistory of the southern-southeastern coast of Brazil. This collection presents all the variety of vestiges found at sambaquis and coastal sites. In other words, human skeletal remains, lithics, osteodontomalacological industry, ceramics and vestiges of the fauna found in those sites together with the whole documentation elaborated by the responsible researchers. That material offers the possibility of archaeological studies that embrace variety of aspects on the prehistoric culture that few other types of sites can offer.

Lithics

From the early history of Mankind to quite recent periods, stone constituted par excellence the raw material for the production of artifacts for daily use. Starting from the first flaking of pebbles, more than 2000 years ago, stone working was perfected, following mankind's biological and cultural evolution. In the case of Brazilian Tropical Archaeology, lithics are very important documents since they are rarely absent in the archaeological record.

Lithic technology deals with the processing of raw material. Typologies, inserted in the context of technology, classify artifacts following the techniques and morphology of the retouches or, still, the acquisition forms and functions previously defined, starting from the raw material. The operation chain is constituted by the different stages of production of a lithic artifact, from the acquisition of the raw material, the technology of their production, use and, eventually, final abandonment. In fact, once the operation sequence is reconstituted, one can recognize the choices made by the artisan. Their recurrence allows for the characterization of the traditional techniques of given social groups. It can be affirmed that cultures are expressed in the choices that are done in the identified operation sequence.

Lithic technology, an important stage of the operation chain, is composed by the primary reduction, the secondary reduction and the typology. Primary reduction includes all the necessary technology to transform a block or a pebble into a nucleus: the choice of a hard and heavy hammerstone, the preparation of the percussion plans, the techniques of direct and indirect percussion, the choice of an anvil (in the case of the indirect percussion). Primary reductions are done, at least, with the help from a hammerstone and a block (or pebble); the product is the nucleus and the so-called preparatory flakes which are potentially disposable residues. The secondary reduction includes the production of the so-called preforms of artifacts, including flakes and blades. The choice of less robust hammerstones (hard or soft) is part of this stage. The techniques of direct and indirect percussion are also associated with this stage. Secondary reduction counts, at least, with a hammerstone and a nucleus; the products are flakes and blades, which are potential supports for retouched artifacts.

Typology relates to the production of artifacts, including the retouching techniques, that result in their formal characteristics. Artifacts are considered those objects made from a block, pebble or nucleus within the context of secondary reduction, retouched or not.

Ceramic

Great importance is given to ceramics presented in the archaeological record because, being made from resistant materials, they are easily detectable in places where the populations that produced them lived. Ceramic vessels show great variety in form, decoration, technology and finishing (besides the type of antiplastic employed). The information they provide on past populations, added to other data obtained in the archaeological record (structures and other artifacts), allow for the description of life ways and of habitats of those societies.

Ceramic vessels had functions of daily use: storage of water, grains, and pigments; cooking etc. They were also used ritually such as, for instance, for burials.

The study of ceramic fragments allows for the description of the technological knowledge of the populations that produced them. The observation of the color of the potsherds, associated to the verification of their mineralogical composition (quality of the clay) indicates, for instance, the use of certain types of firing techniques by the artisan ceramists. Surface painting can give information on the instruments used in this task (fingers, thorns, brushes, sticks etc), the same being valid for the cases of plastic decoration.

Finally, comparisons among different ceramic types supply important data for the assessment of contacts between different populations or for the understanding of the technical and cultural evolution within the same group.

Rock art

Rock art, including paintings and engravings, exist in the whole world. In Brazil, in the last 30 years, the study of these vestiges has had a substantial development, revealing important information for the understanding of the early settlement of the national territory. In fact, rock art has the same value, as archaeological document, as lithics, ceramics, bones and house structures found in archaeological sites. Such manifestations, however, need a rocky support. Therefore, in places where there are not appropriate rocky formations such as shelters, caves and floors, rock art is not found.

Mineral pigments such as the oxide and the hydroxide of iron and kaolin were used in the elaboration of the paintings. Plant pigments included urucum, probably diluted in water. Color paintings included red (several tonalities), yellow, gray, blue, black and white. Several instruments were apparently used, among them fingers, thorns and brushes of vegetable fibers.

In the case of engravings, harder rocks were probably used for the continuous picking, which was followed by polishing either with sand soaked in water or with other lithic instrument. The lineal dimensions and the depth of the engravings vary widely.

In Brazilian archaeology there is a prevailing incidence of anthropomorphic and zoomorphic representations. Geometric and biomorphic representations are less frequent. The highlighting characteristic is the presence of compositions evoking hunting scenes, dances, childbirth and several rituals. The illustrations are also characterized by the dynamics of the movements (galloping animals, human figures gesticulating or dancing).

The dating of the paintings is quite complicated. It is almost impossible to obtain an absolute date, because the analysis of a pigment would give the age of the pigment itself and not that of its use. It is, however, possible to obtain a relative date when, for instance, one has the age of a calcite deposit on a drawing (the drawing will always be older than the deposit). Another possibility is when one finds a loosened block of a wall, with painting residues on it, within a stratified layer. The dating of the layer can indicate the age of the painting.

THE NATIVE BRAZILIAN ETHNOLOGICAL COLLECTIONS FROM THE MAE

THE HISTORY OF THOSE WHO TELL THE HISTORY

The ethnographic collections of the Museu de Arqueologia e Etnologia from the Universidade de São Paulo (MAE-USP) have a history that is older than the Museum itself. In fact, although native Brazilian ("Indian") artifacts have been collected from the very beginning of European contact, being exhibited in European museums since the sixteenth century, the first Brazilian collections have not been produced before the nineteenth century.

In São Paulo the first collections have been assembled from the foundation of the Museu Paulista (in 1895) on, and in the following decades have increased considerably. When the Museu Paulista moved to the impressive building where it still stands today, collections from private owners have been incorporated, specially (among others) the assemblage gathered by major Joaquim Sertório, which had been donated, starting from 1877, to the State Museum.

Following the scientific mainstream tendencies of that time, the Museu Paulista has collected and kept artifacts from the Brazilian indigenous universe aiming at gathering "representative" series of artifacts which could demonstrate the cultural and technological diversity of the native societies. As it happened in several areas of the world, this "collectionism" was based in evolutionist and positivist concepts of science which intended to display, by means of the material culture (artifacts) of diverse societies, the progressive evolution of Mankind and of its harnessing of Nature.

By the turn of the century new perspectives have been introduced. Collections of artifacts were produced not so much for "typifying" native cultures, but rather for documenting and demonstrating diverse social and ecological contexts of production and adaptation. As could be expected, these new points of view have been reflected in the systematics and composition of the collection being formed, and these methodological shifts have been pretty well recorded in the Museu Paulista regular journals and publications.

In these early days (at least until the 1940's) of the brazilian anthropology the museums (like the Museu Nacional in Rio de Janeiro, and the Museu Paulista in São Paulo) have been the principal promoters of the research on indigenous cultures and its diffusion to the public, mainly through the financing of scientific expeditions, bringing to the country foreign researchers and lecturers, and also organizing exhibitions and releasing several publications.

As the criteria for artifact recollection varied considerably, and as museums also used to buy artifacts collected with poor document control, most of the early collections lack reliable information related to provenience, conditions of the recollection and even ethnic affiliation, which unfortunately constrain severely their investigative, as well as museum, potential.

This situation has changed from the 1940's on, when Herbert Baldus was put in charge of the ethnographical section of the Museu Paulista. In fact, this notorious anthropologist has played an essential role in establishing the systematic anthropological research in Brazil. He was strongly compromised with the preservation of the native peoples and, being specially interested in their material culture, hired Harald Schultz with the task of producing systematic collections for the Museu Paulista and expanding its material and documental background.

Schultz was a superb photographer and, although without ethnological academic training, have systematically collected more than five thousand artifacts from many different Brazilian native cultures, mainly on the Central Brazilian Plateau, which comprises about one third of the Museu de Arqueologia e Etnologia's ethnological collections of today. He has assembled an extraordinary photographic collection, with more than two thousand pictures and about sixty films which depict daily activities, ceremonial rituals and dances, clothing, hunting and fishing etc. Schultz has focused also in artifact production techniques, often bringing to the museum the very artifact depicted in the photos or films.

The partnership of Baldus and Schultz has established a new pattern of artifact recollection, aiming no more at fitting the focused society in an evolutionary status, but rather bringing knowledge about the different levels of economical, social, religious and political organization, trying to highlight the cultural specificity of each group. The collections so formed had the objective of recording material and symbolic production of each group, bringing out from the "Indians" generic label the ethnical identity of several diverse societies and peoples.

With the creation of the Brazilian universities and the discussions about the theoretical and practical research and their articulations, the museums have shifted their interest to the practical field research focused mainly into the material culture (or "ethnography"), leaving to the new academic circuits the theoretical debate, or "ethnology". Such an option was based upon the consensual conviction that the artifacts convey essential information on particular social and ecological contexts, thus becoming fundamental reference for the anthropological reasoning regarding the societies under investigation.

Through the fusion of four earlier ethnological and archaeological institutions in 1989 (which included the former old Museu Paulista and its prominent ethnographical collections), the Museu de Arqueologia e Etnologia has been founded at the University of São Paulo, and today it is without any doubt one of the main scientific and academic institutions dedicated to the investigation of the archaeological and ethnographical Brazilian scenario, and also keeping important African and Mediterranean assemblages. Its collections, with more than 120 thousand artifacts, are a basic reference for these studies, and are under permanent expansion.

During these first ten years of existence, the MAE has made a great effort on the structural organization and the curation of its collections, with emphasis on their conservation and documentation, without interrupting its main activity, related to the field research. This effort is focused on the collections, some of them from extinct groups, and their producers, many of them very famous ethnographers, who have left their imprint on the history of anthropological research in Brazil.

A very good example is the notorious German investigator Curt Nimuendajú, who between 1903 and 1945 has gathered well documented assemblages of artifacts among many groups including the Guarani, Tukuna and Umotina. Another case is the famous Marshall Rondon, who produced important series for the Museu Nacional at Rio de Janeiro, and a few (from the Nambiquara and the Alto Xingú) for the Museu Paulista. One could include other famous names to the list, as Egon Schaden and Claude Lévi-Strauss, not to mention the already cited paramount investigators Herbert Baldus and Harald Schultz.

Some other collectors, less famous, are not less important. A good case is made by Ernesto Garbe, who collected seventy one artifacts (and a photographic series) among the now extinct Botocudo group from the Espírito Santo State, between 1906 and 1909. Some were famous, but not anthropologists at all. This is the case of Benedito Calixto, a notorious romantic painter, author of several historical scenes, who has donated in 1904 a collection of Guarani artifacts from the São Vicente coastal region.

Estimates account for about fifty collectors for the Museu de Arqueologia e Etnologia ethnographic collections, and a great variety of artifacts of different nature (basketry, ceramics, "featherworks", "armory" etc.), from all Brazilian regions and a wide range of ethnic groups. Some of them, like the Karajá from central Brazil, and the Guarani of the Brazilian coast, among others, are refered in the literature as being present in the first contact with the colonizers, this fact being often expressed through their artifacts, which gradually incorporate some influences of the colonizing culture.

Today these collections still play a part on the training and education of new generations of students, as well as are regularly exhibited to the public, through one main permanent exhibition at the MAE, and many other periodic and mobile exhibitions. And, at the eve of the celebration of the 500th anniversary of the country, they stand up to call attention that many roots of Brazilian society are older, much older, and their role in the very formation of this nation is still to be properly acknowledged.

Captions of the figures

1. Archaeological excavation. Água Vermelha site (SP), 1998.
2. Surface cleaning and of the litho-ceramic level. Rodrigues Furtado site (MG), 1992.
3. Recovery of the bone in the field. Água Vermelha site (SP), 1998.
4. Documentation of rock art. Canuto site (TO), 1998.
5. Exhibition of the objects of the collection in the Museu de Arqueologia e Etnologia.
6. Laboratory work at the Museu de Arqueologia e Etnologia.
7. Monitoring of schools visiting the exhibition "Forms of Humanity" in the Museu de Arqueologia e Etnologia.

THE ARCHAEOLOGICAL RECORD

8. Excavation unit with 2m^2, opened to evidence and document a lithic structure. Água Vermelha site (SP), 1998.
9. Scene of fieldwork.

SAMBAQUIS

10. Refitting monkey teeth and shark. Piaçagüera (SP).
11. Burial of adult surrounded by large blocks of rock. Tenório site (SP).
12. Detail view of female burial, from 20 to 25 years old presenting shell ornaments among and on the ribs, and a pebble in the left hand. Tenório site (SP).
13. Burial of individual about 60 years old. Large amount of ocher around the cranium, face and left arm. Tenório site (SP).
14. Double burial of adult and child, respectively. Adult male was 35 to 40 years old. Ocher block to the height of the ribs. Piaçagüera site (SP).
15. Burial of child from 2 to 5 years old. Note the necklace containing hundreds of different shells, teeth and vertebrae. Piaçagüera site (SP).
16. Adult male, from 25 to 30 years old. Under the cranium, in the base of the occipital, an artifact besides dozens of perforated teeth. Piaçagüera site (SP).
17. Double male burial both 25 to 30 years old. Blocks and pebbles outline cranium and thorax, with two of the pebbles held in hands. Tenório site (SP).

LITHICS

18. Projectile point – lithic (unknown origin).
19. Grinder – lithic (unknown origin).
20. Bifacial projectile points made in silicified sandstone (to the left) and quartz. Lajeado county (TO).
21. Axe – lithic (unknown origin).
22. Projectile point. Collection Museu de Arqueologia e Etnologia.
23. Zoolith. Collection Museu de Arqueologia e Etnologia.

CERAMIC

24. Painted ceramic recipient (SP). Collection Museu de Arqueologia e Etnologia.
25. Ceramic mortuary urn with human skeleton. Paranapanema valley (SP). Collection Museu de Arqueologia e Etnologia.
26. Ceramic vase of caryatids. Santarém (PA). Collection Museu de Arqueologia e Etnologia.
27. Ceramic statuette with lunar base. Santarém (PA) . Collection Museu de Arqueologia e Etnologia.
28. Partial view of the painted wall. Toca do Baixão da Vaca, Serra da Capivara (PI).
29. Zoomorphic (fish and jaguar) illustrations. Toca do Baixão da Vaca, Serra da Capivara (PI).
30. Anthropomorphic and zoomorphic illustrations composing scenes. Toca do Baixão da Vaca, Serra da Capivara (PI).
31. Anthropomorphic illustrations, most of them with decorated heads composing scene (party?, ritual?) and zoomorphic illustration. The bee nests, visible in the lower left side are one of the threats to the preservation of these sites. Toca do Baixão da Vaca, Serra da Capivara (PI).
32. Partial view of a panel with zoomorphic, anthropomorphic and varied fitomorphic illustration. Toca da Entrada do Pajaú, Serra da Capivara (PI).
33. Engravings on rock forming geometric illustrations. Toca do Buraco do Pajaú, Serra da Capivara (PI).

34. Grey anthropomorphic illustrations disposed over two illustrations in red. In the left part there is a large lizard painted in two colors. Toca do Boqueirão da Pedra Furada, Serra da Capivara (PI).
35. White anthropomorphic figures painted over red zoomorphic figures. Toca do Boqueirão da Pedra Furada, Serra da Capivara (PI).
36. Zoomorphic illustration (deer). Toca do Arapoá do Gongo, Serra da Capivara (PI).
37. Fighting scene. Anthropomorphic figures holding clubs. Sex scene. Toca do Caldeirão do Rodrigues, Serra da Capivara (PI).
38. View of wall of sandstone rock shelter with paintings. Toca da Extrema II, Serra da Capivara. (PI).
39. Anthropomorphic figures with artifacts in the hands (weapons?) composing a scene. Toca do Vento, Serra da Capivara (PI).
40. The so called "scene of the tree" a representation that characterizes the "Northeast Tradition" of rock art. Toca da Extrema II, Serra da Capivara (PI).
41. Figure in red, suggesting a spotted jaguar. Serra do Carmo I site (TO).
42. Sequence of painted zoomorphic figures. Serra do Carmo III site (TO).

BRAZILIAN ETNOGRAPHIC COLLECTION OF THE MUSEU DE ARQUEOLOGIA E ETNOLOGIA

CERAMIC

The production of the ceramic is a traditional activity among several indigenous groups. Their artifacts, besides presenting great diversity in shapes, following the symbolic and cultural context of each ethnic group, carry out several functions. Pots, pans, bowls, among others, are of domestic use destined to the preparation and storage of food and liquids. Some are made and specifically used for ceremonial and commercial ends, as exchange goods and even as toys.

43. Vessel to serve food.
    Kaxinaua – Curanja river, tributary of the Purus river
    Brazilian/Peruvian border.
    ID: 7072
    Collector: Harald Schultz
    Date: 1950.
44. Zoomorphic vessel to serve food
    Waurá – Batovi river, tributary of the Upper Xingu river
    National park of Xingu (MT).
    ID: 11.506
    Collector: Harald Schultz
    Date: 1964.
45. Anthropomorphous toy
    Doll with líber tanga
    Karajá, Bananal island (GO).
    ID: 8.149
    Collector: Harald Schultz
    Date: 1953.

46. Zoomorphous toy-land turtle
    Karajá, Bananal island (GO).
    ID: 2.061
    Collector: Harald Schultz
    Date: 1948.
47. Representation of domestic scene
    Karajá, Bananal island (GO).
    ID: 7.797
    Collector: Harald Schultz
    Date: 1954.

BASKETRY

Countless groups are characterized by basketry manufacture, with a great diversity of technological typological and ornament procedures, related to the style impressed by each producing ethnic group. These are artifacts for ceremonial and daily use, with several functions, such as the baskets for food transport, mats, sieves, fans. The raw material is, usually, extracted from palm trees, also used by some groups for the making of masks.

48. Basket of reed
    Tukano, Uaupés river, tributary of the Negro river (AM).
    ID: 3.912
    Collector: J. Bech
    Date: 1907.
49. Basket of Buriti ornamented with lid
    Canela, Barra do Corda (MA).
    Collector: William Crocker
    Date: 1958.

MUSICAL INSTRUMENTS

Indigenous groups produce a great variety of musical instruments, mostly for a religious use. Among these instruments are the flutes, which can be traverse, nasal, of Pan, straight; horns; globular rattles and drums, and others. Their material can be wood, reed, the bottle gourd, mud, bones of animals, seeds etc.

50. Globular rattle
    Waurá, Batovi river, Upper Xingu Basin (MT).
    ID: 11.792
    Collector: Harald Schultz
    Date: 1964.
51. Pan pipe
    Gavião, Lower Tocantins river (PA).
    Collector: Eurico Fernandes
    Date: 1948.

TURNER FOR MANIOC BREAD

Tools of domestic use employed in the preparation of the beijú (manioc bread). They are used to turn and to cut the mass that is prepared in a ceramic, or more recently iron, frying pan. They are made of wood with semi-lunar or zoomorphic shape. They are further painted, reproducing the characteristic motifs of the group that manufactures them. The same motifs are also used in ceramic decoration and on the body painting, being thence ethnic markers, such as among the Waurá.

52. Zoomorphic beiju turner
    Waurá, Batovi river, Upper Xingu Basin (MT).
    ID: 11.673
    Collector: Harald Schultz
    Date: 1964.
53. Beiju turner – semilunar shape
    Waurá, Batovi river, Upper Xingu Basin (MT).
    ID: 11.668
    Collector: Harald Schultz
    Date: 1964.

ADORNMENTS

Among the several categories of manufactured objects made by indigenous cultures, there are the adornments that can have ceremonial functions of great complexity or just be used for simple decorations. Adornments include body painting, scars, physical deformations. They can be also made with components of the local fauna and flora. Some adornments express categories of age, gender, social status, among several information that belong to the specific symbolic context of each group. They still can register aspects of the contact with the Brazilian national society through the incorporation of elements as bullet cartridges, coins, religious medals and buttons, among others.

54. Pendant rattle with bullet capsule
    Tukurina, Purus river, Brazilian/Peruvian border.
    ID: 6.122
    Collector: Harald Schultz
    Date: 1950.
55. Feather diadem
    Erigpatsá, Middle Juruena (MT).
    ID: 14.110
    Collector: Father Balduino Loebens
    Date: 1986.

Observation: chromes, pictures and slides are original from scientific projects, and museum collections.

MUSEU DE ARTE CONTEMPORÂNEA

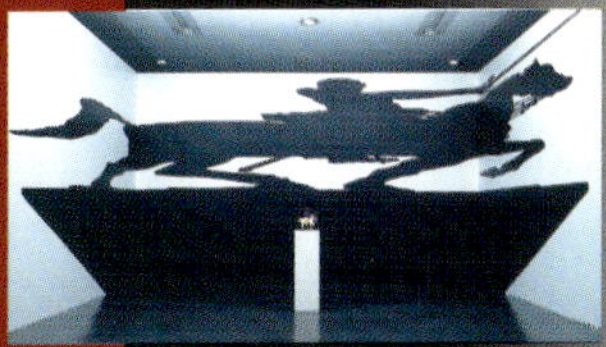

E OS 500 ANOS DO BRASIL

AS IDADES MODERNA E CONTEMPORÂNEA NO BRASIL

1. Tarsila do Amaral
Floresta, 1929
Óleo s/ tela,
63,9 x 76,2 cm.

Página ao lado
2. Tarsila do Amaral
A negra, 1923
Óleo s/ tela,
100 x 81,3 cm.

Na coleção MAC-USP, o Brasil é muito jovem e sendo jovem tem a idade que deveria ter: cem anos, apenas. Não poderia ser mais velho do que isso pois a imagem do Brasil que o MAC fornece é a imagem de um país *moderno* e *contemporâneo*, proposta pelas artes plásticas do período. Da primeira década do século XX aos anos que antecedem imediatamente o século XXI, todas as representações do Brasil estão presentes no acervo do MAC – daquelas que estão vinculadas ao modo moderno, que vai dos últimos instantes do Oitocentos até a II Guerra Mundial, às que se costuma caracterizar como pertencendo ao *modo contemporâneo*, que remete aos últimos 50 anos (até que o novo século que se aproxima proponha um outro conceito para contemporâneo...).

Da primeira década do século, a imagem moderna do Brasil presente no Museu é a que lhe deu Anita Malfatti, numa proposta estética que foi um verdadeiro divisor de águas filosófico tão profundo a ponto de permanecer vivo na memória cultural do país até os dias de hoje. A sua foi uma proposta expressionista adaptada ao clima tropical defendida por intelectuais como Mário de Andrade e recusada por outros intelectuais de porte nada menor, como Monteiro Lobato.

A imagem moderna por excelência do país nos anos de 1920 foi aquela sugerida por Tarsila do Amaral, imagem modernista-eclética como convinha (e talvez convém) à cultura brasileira por mesclar propostas de diferentes modos estéticos, como em *A negra,* o mesmo expressionismo de que se alimentara Malfatti, o concretismo-figurativista (*Central do Brasil*) e o surrealista-onírico (*Floresta*).

23
TARSILA

3. Tarsila do Amaral
Estrada de Ferro Central do Brasil, 1924,
Óleo s/ tela,
142 x 126,8 cm.

4. Aldo Bonadei
Natureza-morta, 1951
Óleo s/ tela,
45,8 x 55 cm.

Dessa como de todas as décadas seguintes, o MAC tem o registro das sucessivas representações que fizeram os artistas do Brasil. Tem a representação construtiva e concretista de Bonadei, Volpi, Geraldo de Barros e Waldemar Cordeiro, assim como tem as representações abstrato-informais de Samson Flexor e Yolanda Mohalyi e as surrealistas de Maria Martins. Particularmente bem representadas no acervo estão as imagens do Brasil atormentado dos anos de 1960, registradas sobretudo nas obras da Nova Figuração de artistas como Antonio Dias, Antonio Henrique Amaral, Flávio Shiró, João Câmara Filho, Aguilar, Nitsche e Leirner. E quando essas representações passaram a se basear mais em *conceitos* abstratos ou abstraídos do que em qualquer outra coisa, o MAC não deixou de acolhê-las, como se pode ver na obra de Cildo Meireles, José Resende e Rafael França. Já um instantâneo tirado do país na virada do século XXI poderia fornecer, como sua imagem, uma *instalação* como a de Regina Silveira, na qual o Brasil arcaico das religiões e dos militarismos se funde com o Brasil modernista de

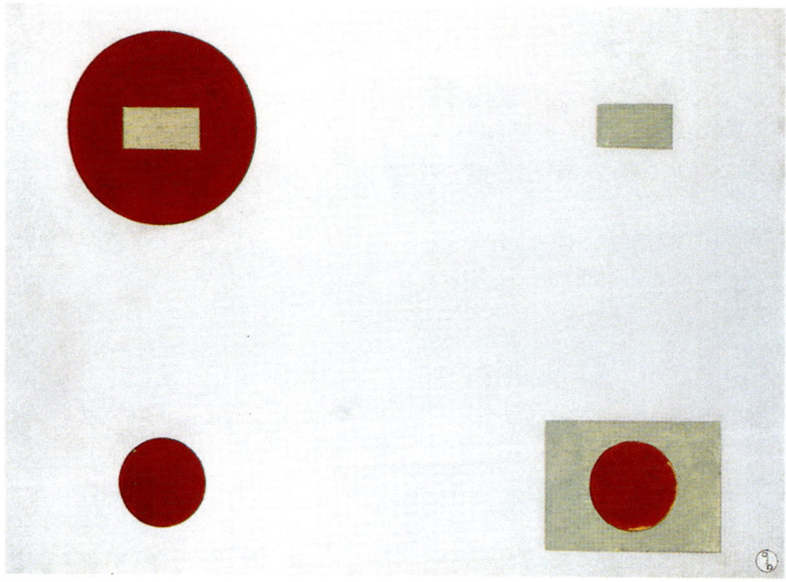

5. Geraldo de Barros
Vermelho e verde em formas contrárias, 1952
Esmalte sintético s/ kelmite, 39,5 x 56 cm.

Brecheret para compor uma nova narrativa que não é nem uma coisa nem outra, mas algo que os supera e cria uma simbiose que anuncia novos rumos.

O que o MAC registra, acima de tudo, é que o Brasil representado em sua coleção não tem uma cara única mas múltiplas faces que simultaneamente se combatem e se compõem. Assim, ao mesmo tempo em que artistas de vanguarda "atualizavam" a idade do Brasil desde o modernismo dos anos de 1920, outros artistas de décadas posteriores, como Pancetti e Pennacchi nos anos de 1940, davam uma imagem mais "bem comportada" e tradicional do país, como convinha, talvez, à vertente do Brasil que representavam.

Essa é a idade do Brasil registrada no acervo do MAC.

Mas um museu não é apenas um conjunto de obras que formam uma coleção menos ou mais bem adquirida. Um museu é, talvez primordialmente, um modo de mostrar a coleção que possui. Também pela análise dos modos de exibir sua coleção é possível verificar que idade o Brasil tem e em que idade ele – ou, em todo caso, o museu – está agora. Esse ponto pode ser adequadamente tratado pelo exame da proposta apresentada pela exposição "O Brasil no século da arte" na Galeria do Sesi, em São Paulo, em abril de 1999.

6. Waldemar Cordeiro
Movimento, 1951
Têmpera s/ tela,
90,1 x 95,3 cm.

7. Samson Flexor
Pintura, 1960
Óleo s/ tela,
160,7 x 178,7 cm.

8. Maria Martins
O *implacável*, 1947
Bronze patinado,
74 x 117,6 x 19,5 cm.

9. Regina Silveira
Paradoxo do santo, 1998
Instalação, 50 m^2.

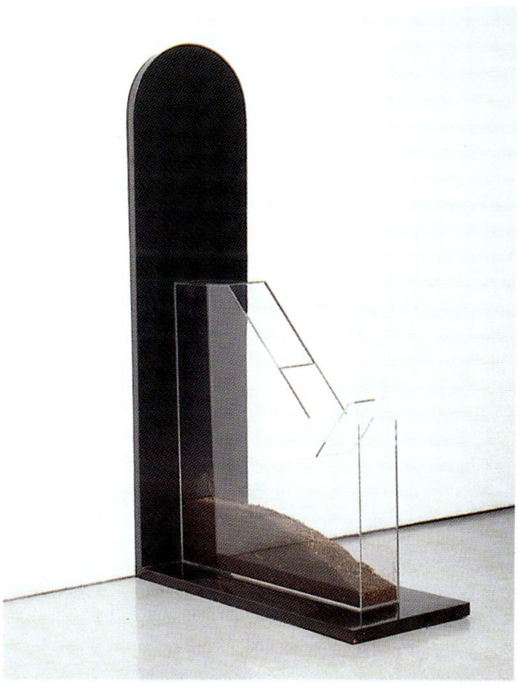

10. José Resende
Bibelô: A secção da montanha, 1967
Madeira revestida de
laminado, acrílico e terra,
116 x 30 x 72,4 cm.

11. José Pancetti
São João del Rei, 1945
Óleo s/ tela,
46,5 x 38,5 cm.

12. Fulvio Pennacchi
Paisagem com figuras,
1941 Óleo s/ madeira,
51,9 x 72,6 cm.

Muitos museus ainda utilizam o duplo critério da nacionalidade (ou da geografia) e da cronologia para agrupar as obras que expõem. O princípio cronológico continua sólido. O mesmo, porém, não é mais possível dizer do critério baseado na nacionalidade ou localização geográfica. Não porque estes seriam os tempos da globalização e da abolição das fronteiras e distâncias. As causas dessa inconveniência encontram-se em outro domínio e em outra época. A idéia atual de nacionalidade é fruto da era moderna – que se inicia antes da chamada arte moderna: a história da cultura tem essas incongruências... –, construindo-se a partir dos séculos XVIII e XIX. *Nação* e *Estado* são figuras modernas e, como tais, relativamente recentes. Mas não tão recentes a ponto de se aplicarem tanto à arte dita moderna ou, menos ainda, à arte contemporânea. Pelo contrário, são noções estranhas ao espírito de uma e outra. Grande parte do pensamento moderno e da estética moderna foi elaborada, é bom lembrar, *contra* os princípios mesmos da Modernidade – entre eles, o da nacionalidade.

De fato, a arte é de longa data alimentada pelo espírito internacionalista. A moderna e a contemporânea, mais ainda. A grande arte e o grande artista do

13. Flávio Shiró
Tríptico, 1962
Óleo s/ tela,
46,2 x 116,1 cm.

14. João Câmara Filho
Uma confissão, 1971
Óleo s/ madeira,
160 x 200 cm.

15. José Roberto Aguilar
Série do futebol (2), 1966
Spray s/ tela,
114 x 146 cm.

16. Marcelo Nitsche
Aliança para o progresso, 1965
Esmalte sintético s/ aglomerado
de madeira e corrente de ferro,
122 x 80 x 10 cm.

17. Antonio Henrique Amaral
Brasiliana 9, 1969
Óleo s/ aglomerado de madeira,
104,9 x 122,3 cm.

século XX animam-se por um impulso que borra fronteiras – as físicas, as ideológicas e mesmo as temporais. Insistir nas compartimentações por nação ou território é envolver a arte dessa época numa manta sufocante. Como o MAC não é ainda uma instituição espacialmente assentada, pode mais facilmente arriscar a deixar de lado velhos hábitos classificatórios, que pareceram evidentes e necessários em outros momentos, mas se tornaram inconvenientes. No passado, *i.e.*, antes da exposição "O Brasil no século das artes", o espaço principal de exposições do MAC estava dividido em duas zonas, a primeira, logo à entrada, aberta à arte feita no exterior, e a segunda, no fundo do prédio, concedida à arte produzida no Brasil. Agora, não se trata apenas, e já seria o bastante (apesar do risco de recair-se no critério da nacionalidade,

18. Antonio Dias
Fumaça do prisioneiro, 1964
Óleo e látex s/ madeira,
120,6 x 93,3 x 6,8 cm.

19. Cildo Meireles
Ambiente 5, 1973
Aquarela Impermeabilizada
s/ papel,
49,8 x 35,3 cm.

que beira o nacionalismo), de atribuir à arte feita no Brasil o lugar que lhe cabe no concerto internacional. Mais que isso, trata-se também de proporcionar ao público uma visão orgânica do panorama e dos desdobramentos da arte do século, não impondo cortes abruptos ao andamento do concerto artístico dos últimos cem anos. Etiquetas como a de nação, linguagem, tema ou vetor filosófico menos ou mais arbitrariamente selecionados, como nas supervalorizadas tendências atuais de curadoria, foram deixadas de lado. Antes de ser um laboratório de experimentação teórica sobre as artes feitas antes e fora dele, o MAC tem a obrigação de expor uma coleção que é pública e desse modo contribuir para a ainda necessária aproximação entre público e arte moderna e contemporânea. E isto o Museu faz agora adotando um critério que permite ao público ver o que faziam ao mesmo tempo, ou quase ao mesmo tempo, um artista brasileiro e outro francês ou italiano ou

20. Yolanda Mohalyi
Em alguma parte, 1970
Óleo s/ tela,
175 x 150 cm.

inglês ou colombiano – e que assim se revelam todos, coerentes com as grandes linhas do pensamento artístico deste século, artistas não deste ou daquele lugar mas do mundo e, se a expressão não soar demasiadamente estranha, da *arte*. A idade do Brasil em arte moderna e contemporânea é, portanto, a idade da conversa mantida pela arte brasileira com a arte que se faz e se fez fora daqui. A cronologia é a linha que tece este diálogo, apoiada – quando se torna insustentável por força das obras mostradas ou das carências da coleção, e já que nenhuma exigência artificial de coerência deve aprisionar o modelo organizador de uma exposição – por procedimentos cuja natureza deverá se tornar evidente para o visitante da exposição (agrupamento de obras por gênero, como no caso da retratística; aproximação de artistas que trataram de modo diverso de um mesmo tema, como Zanini e Volpi).

Complementando o partido assumido nesta exposição, aqui e ali o visitante encontrará "Obras em Contexto", nichos onde uma peça é confrontada com documentos ou informações de natureza estética, política, filosófica ou outra que ampliam seu significado inicial. Para um museu empenhado em estabelecer sólidas pontes entre as obras e o público, o ideal seria a situação em que cada uma de suas peças se apresentasse assim contextualizada; a limitação do espaço permite mostrar apenas exemplos isolados do que sempre se deveria fazer. A contextualização da obra: essa é ou deveria ser a idade atual de um museu na contemporaneidade.

O diálogo polifônico assim ensaiado é uma boa representação dos desdobramentos da arte ao longo do século XX, aquele que superou todos os anteriores em termos de produção, distribuição, exibição e consumo da arte; aquele que viu a arte descer de pedestais exclusivos para misturar-se ao cotidiano embora por vezes pelas formas desbastadas; aquele em que a arte se transformou simultaneamente em *commodity* e em instrumento nobre de políticas culturais.

A coleção do MAC, mesmo não sendo completa, é de singular importância internacional e oferece uma experiência significativa do que foi e é a arte deste século. A obra mais antiga da coleção é de 1906 e a mais recente de 1998. Nesse arco alojam-se exemplos daquilo que de melhor este século deixa como herança para o próximo.

Assim como concebida, a exposição "O Brasil no século da arte" – a primeira do acervo do MAC-USP fora de sua sede, graças à prestigiosa parceria com o Centro Cultural Fiesp – encaixou-se nos princípios que a Universidade de São Paulo escolheu para orientar seu programa de comemorações dos 500 anos do Brasil: uma revisão do passado, uma abertura para o futuro. Colocar a arte daqui no mesmo plano de atenção daquela produzida fora do país atendeu ao primeiro critério; apontar para os novos rumos do processo artístico, ao segundo. A espécie humana será a única que se ergue pelos próprios cabelos, outro modo de dizer que o ser humano vive dos significados que ele mesmo se atribui. Esses significados alteram-se e substituem-se, modificando incessantemente a trama que sustenta o ser humano. É o que faz a arte. E é o que procuram fazer este Museu e a Universidade de São Paulo.

Teixeira Coelho
Diretor do MAC-USP

21. Nelson Leirner
Você faz parte II, 1964
Madeira, aço cromado, espelho
e aglomerado de madeira,
111,3 x 111,3 x 10,2 cm.

22. Alfredo Volpi
Fachada, c. 1955
Têmpera s/ tela,
73 x 54,3 cm.

PAISAGENS DE ARTE CONTEMPORÂNEAS

A exposição "O Brasil no século da arte", emblemática da idade do Brasil nas eras moderna e contemporânea, não foi editada na busca de uma História. Outros empreendimentos baseados nessa rica e diversificada coleção foram realizados pelo Museu de Arte Contemporânea da Universidade de São Paulo, o MAC-USP, ao longo de sua existência. De uma forma geral, narrativas foram eleitas procurando adequar uma coleção parcial (qualquer coleção ou seleção é parcial) aos esquemas históricos que regem o entendimento da Arte Moderna e Contemporânea.

O acervo do MAC é uma referência ímpar para o público e agente na formação de artistas e especialistas de arte no Brasil, o que justificaria o fato das exposições do seu acervo terem sido, na maioria das vezes, de longa duração. Mas, na verdade, foram mais itinerantes do que permanentes, uma vez que já habitaram, desde a incorporação do acervo do antigo Museu de Arte Moderna de São Paulo pela USP em 1963, pelo menos três espaços distintos: o do Pavilhão da Bienal; o MAC anexo na Cidade Universitária (conhecido como "Maquinho") e a atual sede no mesmo campus. A itinerância continua, mas em compensação sua projeção aumenta, pois hoje o acervo ficará alojado temporariamente em um espaço nobre da cidade, o Centro Cultural Fiesp, localizado no principal eixo cultural da cidade: a avenida Paulista.

Metaforicamente, imaginamos essa exposição como uma avenida, orientada pelo tempo cronológico na qual caminha o visitante. Nesse contexto, as obras mais significativas do acervo do MAC formam a paisagem. No entanto, não se objetiva uma paisagem impositiva, ou seja, o arranjo não pretende nomear estilos ou movimentos e tampouco dirigir ou adestrar o olhar. A idéia é a de que a paisagem seja mutante, assim como a arte o é. Queremos que o visitante participe do processo de modelação de *paisagens de arte contemporâneas*, pois é ele que traz aos ambientes da exposição o espaço-tempo da experiência. Neste caso, o tempo cronológico organiza em campos visuais a arte deste século que o MAC coleciona e pesquisa: cabe ao visitante a interação nesse tempo e nesses campos sugeridos pela sua ação contemplativa.

O visitante não está sozinho ao longo do itinerário que se inicia coincidentemente com a *Paisagem* (1906) de Giacomo Balla e que se finaliza com as doações mais recentes; ele poderá mapear uma história da arte a partir das referências visuais que aí se encontram, dispostas nessa avenida.
Ao expor sem distinção obras nacionais e internacionais dispomos, nesse centro cultural, conjuntos visuais nunca antes vistos e assim intrigantes. Quais impressões teremos ao visualizar conjuntamente retratos produzidos por Modigliani, por Monteiro e por Malfatti? Que tipologia paisagística poderíamos sugerir ao observarmos de forma global uma *Paisagem com Parte de uma Ponte*, de Gomide, ao lado da *Personagem Atirando uma Pedra num Pássaro*, de Miró e *Banhistas no Trampolim*, de Capogrossi? A curiosidade aumenta nesse exercício do olhar quando nos deparamos, em um mesmo plano, com obras como *Abstração*, de Cícero Dias, *Namorados no Café*, de Roger Chastel, *Movimento*, de Waldemar Cordeiro e *Natureza-morta*, de Maria Leontina – estamos diante de uma polifonia de dinâmicas e linguagens abstratas. Lembramos que esta avenida, fundamentada na cronologia desse Século das Artes foi pensada para seres em movimento, dispostos a "passear" por esses campos visuais e a observar suas particularidades (que são muitas!). O imaginário é ainda mais incitado quando confrontado com obras diversas como a do uruguaio Paez, do nipo-brasileiro Tomoshige Kusuno, do americano Paul Jenkins, do inglês Alan Davie, do brasileiro Nelson Leirner e do argentino Fontana. O visitante não está imune a provocações, enigmas e deslocamentos, a arte é também um jogo e um confronto! Mais adiante, no entanto, há um sofá de Iran do Espírito Santo e pinturas de sutil ironia, como as de Mônica Nador e Leda Catunda, para o descanso do olhar, ... se for possível.

Martin Grossmann
Vice-diretor do MAC-USP

A EXPANSÃO DA ARTE

Conhecer o MAC é conhecer sua história e, antes de tudo, entrar em contato com as obras que constituem o corpo de sua coleção.

Na realidade do Museu contemporâneo, o olhar cerimonioso que vislumbra um acervo como patrimônio imortal, imponente e distante deve ser substituído pela noção de arte como algo integrado a um sistema cultural e, particularmente, como matéria viva e instrumental, fonte de exercícios de fruição, de prazer e questionamento, rejeição e embate. Arte, afinal, já dizia o crítico Mário Pedrosa, é exercício experimental de liberdade.

Historicamente, a grande base que forma o acervo é fruto de um mecenato. Espelha as preferências e os contatos pessoais e profissionais estabelecidos pelo empresário Francisco Matarazzo Sobrinho e por D. Yolanda Penteado, sua esposa.

Na verdade, desde os anos de 1920, com o início de uma efervescência no meio artístico paulistano, estimulado pelo projeto modernista, surge na cidade o desejo de se fundar um museu de arte moderna. O projeto toma ares mais decisivos nos anos de 1940, particularmente após a Segunda Guerra Mundial. Nesse "espírito de época", surge a personalidade de Ciccillo, então colecionador de arte acadêmica, que passa a orientar seu gosto em direção ao modernismo. Sua coleção é então sediada no novo MAM de São Paulo, que tem o belga Léon Degand como seu primeiro diretor, em 1948. Posteriormente, em 1963, Ciccillo retira sua coleção do MAM, doando-a à Universidade de São Paulo, que então funda o MAC, cuja primeira direção cabe a Walter Zanini. A partir de sua inauguração, o MAC conta também com a aquisição de obras durante as Bienais e com a doação de coleções particulares como as de Theon Spanudis, Yolanda Mohalyi e Pola Rezende.

A coleção do MAC não se caracteriza, de fato, pela contemporaneidade que define seu nome. Referência internacional no universo artístico, ela possui cerca de 7 mil obras que acompanham a produção do século XX, no Brasil e no mundo ocidental, concentrando-se preponderantemente na primeira metade do século e tornando-se mais rarefeita em relação à última década.

No momento atual, em que a idéia de originalidade absoluta se define como um mito, e em que é dada uma nova importância e interesse à historicidade, testemunhamos o fato de que linguagens, períodos e visualidades se interligam numa rede circular de estímulos em constante reverberação.

A fruição dos percursos da mostra "O Brasil no século da arte" – de Modigliani a Miró, de Léger a Tarsila, de De Chirico a Anita Malfatti, de Picasso a Leda Catunda, de Morandi a Flávio de Carvalho – diz, pois, respeito diretamente à história que vivemos hoje. As múltiplas leituras e transcrições desse universo pictórico aguçam nossos sentidos e iluminam nossa compreensão para o novo. Articulam, a meses da chegada de um novo século, a busca de um entendimento mais amplo das poéticas contemporâneas, que hoje suscitam uma nova maneira de se fazer e de se pensar arte, assim como uma nova maneira de se relacionar com o próprio espaço do Museu.

História não é cronologia; é tempo e espaço em eterno movimento. Uma noção contemporânea de história toma corpo na combinação multifacetada de signos que se sobrepõem e se desdobram sempre. Que a história da arte aqui proposta então emerja, não como lição de datas e fatos, mas como um texto visual intrigante, colorido e multifacetado, em que os caminhos se entrecruzam.

Que essa espessa e ampla tapeçaria visual estabeleça costuras estéticas, conceituais e geográficas elásticas, de forma que, dia após dia, se descubram nela inusitadas ligações e cruzamentos.

Eis o convite para uma visita labiríntica e contemporânea do acervo do MAC, onde signos visuais cresçam e se expandam nos sentidos do observador.

Katia Canton
Diretora da Divisão de Curadoria

HOW OLD IS BRAZIL ACCORDING TO MAC

According to MAC-USP collection, Brazil is very young, and being young it is as old as it should be: a hundred years old, only. It could not be older than that since the image of Brazil produced by MAC is the image of a *modern and contemporary* Brazil, as proposed by the visual arts of the period. From the first decade of the century until the years imeadiately preceding the 21st century, all the representations of Brazil are found in MAC collection – from those concerning the *modern way*, ranging from the last minutes of the 19th century to the World War II, to those characterized as belonging to the *contemporary way,* refering to the last fifty years (at least, until the new coming century proposes another concept for contemporary...)

From the first decade of the century, the modern image of Brazil that the Museum offers is the one Anita Malfatti produced, within an aesthetic proposal that was a real philosofical mark, strong enough to remain alive in the cultural memory of the country up to now. Hers was an expressionist proposal adapted to the tropical climate and supported by scholars as important as Mário de Andrade and at the same time refused by other scholars, no t a bit less important, as Monteiro Lobato.

The country's modern image of the 20s was the one suggested by Tarsila do Amaral, a modernist-ecletic image entirely convenient then (maybe still convenient) to Brazilian culture for it merged proposals of different aesthetic modes, as did the same expressionism that nourished Malfatti (which gave way, in Tarsila's case, to the work named *The Black Woman*), the concretism-figurativist (*Central do Brazil Railways*) and the surrealist-oniric (*The forest*).

From this, and from all the other decades, MAC has items showing the successive representations of the country produced by the artists. The Museum has the constructive and concretist representations by Bonadei, Volpi, Geraldo de Barros and Waldemar Cordeiro, as well as the abstract-informal representations by Samson Flexor and Yolanda Mohalyi and the surrealist ones by Maria Martins. The images of the tormented Brazil of the 60s are particularly well represented in the collection, as they appear in the works of the New Figuration artists as Antonio Dias, Antonio Henrique Amaral, Flávio Shiró, João Câmara Filho, Aguilar, Nitsche and Leirner. When these representations started to be based on abstract or "abstracted" *concepts* rather than on figurative ones, MAC did not hesitate to accomodate them, as we can see in the works of Cildo Meireles, José Resende and Rafael França. A startling photography of the country at the very end of the 20th century is given by an *installation* such as the one by Regina Silveira, where the archaic Brazil, of religions and militarisms, merges with the modernist Brazil of Brecheret to compose a new narrative that is nor one, neither the other but something else that overcomes them producing a symbiosis anouncing new directions.

What MAC registers, above all, is that the Brazil represented in its collection does not have a single face but multiple faces that simultaneously fight and compose with each other. This means that just as the vanguard artists "updated" the age of the country with their Modernism of the 20s and 30s etc., other artists of subsequent decades, like Pancetti and Pennachi in the 40s, projected an image of a country more "well behaved" and traditional, convenient, perhaps, to the idea of Brazil they represented.

This is the age of Brazil which we can find in MAC collection.

But a museum is not only a group of works that form a more or less well acquired collection. A museum is, perhaps primarily, a way of exhibiting the collection it possesses. It is also through the analysis of the ways a museum chooses to show its collection that we are able to check the age of a country. This issue can be adequately dealed with through an examination of the proposal presented by the exhibition "Brazil in the Art Century" at Sesi Gallery, in São Paulo, from April to August 1999.

Many museums still use the double criterion of nationality (or of geography) and chronology to group together works they exhibit. The chronological criterion is still strong and valid. However, it is no longer possible to say the same of the criterion based on nationality or geographic location. Not because these are times of globalization and abolishment of frontiers and distances. The causes of this inconvenience are found in another domain and in another time period.

The present idea of nationality was born duraing the Modern Era – starting before the so-called modern art: the history of a culture has this incongruities... –, constructed since the 18th and 19th centuries. *Nation* and *State* are modern figures and, as such, they are relatively recent ones. However, not so recent as to be applied either to the known as modern or to the contemporary art. On the contrary, they are notions foreign to the spirit of both ways of art. A large part of modern thinking and of modern aesthetics were elaborated, it is well to remember, *against* the very principles of Modernity – among them, nationality.

In fact, art is, since long ago, nourished by the internationalist character. Modern and contemporary art even more. The great art and the great artist of the 20th century are animated by an impulse that does not consider frontiers – the material ones as well as the ideological and temporal ones. To insist in the compartimentation by nation or territory is to wrap the art of this period in a suffocating cover. As MAC is not yet an institution spacially settled, it can more easily risk to desconsider old classification habits, which could sound evident and necessary in other moments but which have become inconvenient now. In the past, i.e., before the exhibition "Brazil in the Art Century", the main exhibition hall of the Museum was divided in two areas, the first, by the entrance, dedicated to the art produced abroad and the second, at the back of the building, reserved to the art produced in Brazil. The issue now is not only to attribute to the Brazilian art the place it really deserves in the international scenery (in spite of the risk of accepting the nationality criterion, which borders with nationalism). More than that, the issue now is to offer the public an organic vision of the landscape and development of the art of the century, without imposing abrupt breaks to the last hundred years artistic movement. Labels as nation, language, theme or philosophic vector, more or less arbitrarily selected, as in the overevaluated present curatorial trends, were left behind. Rather than being a laboratory for theoretical experimentation on arts produced before and outside it, MAC has the responsibility of exhibiting publicly a collection that is public, this way contributing to the still necessary approximation between the public and the modern and contemporary art. And this, the Museum does now, adopting a criterion that allows the public to see what did, at the same time, or almost at the same time, a Brazilian artist and a French or Italian or English or Colombian one. By doing so, the Museum, coherent to the main lines of the artistic thinking of this century, allows the public to realize that the artists of this century do not belong to this or that country but to the world and, at last, *to art*. The age of Brazil in terms of modern and contemporary art, is, thus, the age of the dialogue developed by the Brazilian art with the art produced abroad. The chronology is the main guideline that conducts this dialogue, supported, when necessary or interesting, by display procedures whose nature should become evident to the visitor of the exhibition (and which includes grouping works of the same type, as portraits; grouping artists that work with the same theme like Zanini and Volpi, and so on).

Complementing the line that guides this exhibition, here and there the visitor will find "Works in Context", defined spaces where a certain work of art is confronted with documents or information of aesthetic, political, philosophic or other nature that enlarge its innitial meaning. For a museum in charge of establishing strong links between the works and the public, the ideal situation would be the one in which each of its items could be exhibited in such a context; the limitation of space allows only the exhibition of isolated examples of what should occur. The contextualization of a work: this is, or should be the present age of a museum in the contemporary age.

The polyphonic dialogue so rehearsed is a good representation of the development of art along the 20th century, the century that overcame all the previous ones in terms of production, distribution, exhibition and consumption of art; the century that saw art getting out of noble pedestals in order to "fall" in every day life (even though sometimes assuming rather insignficant forms), the century in which art became simultaneously a *commodity* and a noble cultural policy tool.

MAC collection, even if not a complete one (is there such a thing?), is of a singular international importance and offers a significative experience on what art was in this century. The oldest item in the collection is from 1906 and the newest from 1998. This arch of time accomodates examples of the best this century leaves as inheritance for the coming one.

This way conceived, the exhibition "Brazil in the Art Century" – the first MAC-USP collection exhibition outside its headquarters, thanks to the prestigious partnership with the Cultural Center Fiesp – fit in the principles the University of São Paulo chose to orientate its programme to commemorate the 500 years of Brazil: a revision of the past, an opening for the future. To place Brazilian art in the same level of the art produced abroad met the first criterion; to point out towards new directions of the artistic process met the second. Humankind will be the only species that stands itself by pulling up its own hair, another way of saying that the human being lives on the meanings he attributes to himself. These meanings change all the time, modifying continuously the web that sustains the human being.This is what art does. And this is what this Museum and the University of São Paulo intend to do.

Teixeira Coelho
Director of MAC-USP

CONTEMPORARY ART LANDSCAPES

The exhibition "Brazil in the Art Century", emblematic of the age of Brazil in modern and contemporary eras, was not edited in search of History. Attempts such as this with this rich and diversified collection were accomplished by the Museum of Contemporary Art of the University of São Paulo, MAC-USP, during its existence. Generally speaking, the narratives were elected in order to adequate a partial collection (any collection or selection is partial) to the historic frameworks that guide the understanding of Modern and Contemporary Art.

MAC's collection is an unique reference to the public and an agent in the formation of artists and experts of art in Brazil and this should justify the fact that exhibitions of its collection were, mostly, of long duration. But, in fact, they have been more itinerant than permanent ones, once they have occupied, since the incorporation of the collection of the former of Museum of Modern Art of São Paulo, by USP in 1963, at least three different spaces: the one at the Biennial Pavillion; the MAC annex at the Campus (known as "Maquinho") and the present headquarters also at the campus. The itinerance continues, but to compensate, its projection grows, as presently the collection will be accomodated temporarily in a noble space of São Paulo, the Cultural Center Fiesp, located in the main cultural point of the city: the Paulista Avenue.

Metaphorically, we imagine this exhibition as an avenue, oriented by the chronological time, on which the visitor walks. In this context, the most significative works of MAC collection form a landscape. However, it is not meant to be an impositive landscape, or better, the arrangement does not intend to nominate styles or movements, neither to guide or educate the perception. The idea is that the landscape can mutate, as art can .We want the visitor to participate in the modelation process of contemporary art landscapes, as he is the one who brings the time-space of experience to the exhibition environments. In this case, the chronological time organizes in visual fields the art of this century that MAC collects and researches: the visitor is requested to interact with this time and in these suggested fields, through his contemplative action. The visitor is not alone along the itinerary that starts coincidently with *the* Landscape *(1906) by Giacomo Balla and that ends with the more recent donations; he can draw a map of art history from the visual references that are found there, displayed in this avenue.*

When exhibiting, without distiction, national and international works, we display, in this cultural center, visual sets never seen before, and thata are therefore intriguing. Which impressions will we have when visualizing at the same time portraits produced by Modigliani, Monteiro and Malfatti? What landscape tipology could we suggest when observing in a global way a *Landscape With Part of A Bridge* by Gomide, next to *Character Throwing a Stone In a Bird*, by Miró and *Bathers in Spring-Board* by Capogrossi? The curiosity grows in this exercise of perception when we find, in the same level, works as *Abstraction* by Cícero Dias, *Lovers in a Café*, by Roger Chastel, *Movement*, by Waldemar Cordeiro and *Still Life* by Maria Leontina – we are facing a polyphony of dynamics and abstract languages. It reminds us that this avenue, fundamented in the chronology of this Art Century was thought for beings in movement, ready to "*stroll*" along this visual fields and to observe its particularities (which are several!). The imaginary is still more incited when confronted with a diversity of works as the one by the Uruguayan *Paez*, by the Brazilian-Japanese *Komoshige Kusuno*, by the North-American *Paul Jenkins*, by the English *Alan Davie*, by the Brazilian *Nelson Leirner* and by the Argentinian *Fontana*. The visitor is not immunized against provocations, enigmas and displacements: art is also a game and a confrontation! Further on, however, there is a sofa by Iran do Espírito Santo and paintings of subtle irony as the ones by Mônica Nador and Leda Catunda, for the relaxation of the perception.... if it's possible.

Martin Grossmann
Vice-director of MAC-USP

THE ART EXPANSION

Get to know MAC is to know its history, and, first of all, to get in contact with works that constitute the body of its collection.

In the reality of the contemporary museum, the ceremonious perception that glimpses a collection as an immortal inheritance, impressive and distant, should be substituted by the notion of art as something integrated to a cultural system and, particularly, as a live and instrumental matter, source of exercises of fruition, pleasure and queries, rejection and fight. Art, finally, as the art critic Mário Pedrosa would say, is an experimental exercise of freedom.

Historically, the solid basis that forms the collection is the result of a donation. It reflects preferences and personal and professional contacts established by the businessman Francisco Matarazzo Sobrinho and Yolanda Penteado, his wife.

In fact, since the 20s, with the begining of a turbulence in São Paulo artistic scene, stimulated by the modernist project, it emerges in town the desire for the creation of a modern art museum. The project becomes more defined around the 40s. particularly after the II World War. Within this "epoch spirit", the personality of Ciccillo outstands as an academic art collector who starts to orientate his taste towards modernism. His collection is then accomodated in the new MAM of São Paulo, that has the Belgium citizen Léon Degand as its first director, in 1948. Later on, in 1963, Ciccillo withdraw his collection from MAM donating it to the University of São Paulo, where MAC is created, directed by Walter Zanini. Since its opening, MAC counts also on the acquisition of works during the Biennials, and with the donation of private collectors as Theon Spanudis, Yolanda Mohalyi and Pola Rezende.

MAC collection is not characterized, in fact, by the contemporaneity that defines its name. International reference in the artistic scene, it possesses circa 7,000 works that follow the 20th century production in Brazil and in the western world, most of them concentrating in the production of the first half of the century and becoming less dense towards the last decade.

Presently, when the idea of absolute originality is defined as a mith, and when a new importance and interest is given to history is given, we witness the fact that languages, periods and visualities are linked to a circular stimulus net in constant reverberation.

The fruition of the courses of the exhibition "Brazil in the Art Century" – from Modigliani to Miró, from Léger to Tarsila, from De Chirico to Anita Malfatti, from Picasso to Leda Catunda, from Morandi to Flávio de Carvalho – refers, directly, to the history we live today. The multiple interpretations and transcriptions of this pictoric universe sharpen our senses and enlighten our comprehension of the new. They articulate, a few months before the coming of a new century, the search for a broader understanding of the contemporary poetic means that propose a new way of producing and thinking art, as well as a new way of relating ourselves to the space of the museum.

History is not chronology; it is time and space in an eternal movement. A contemporary notion of history incorporates the multiface combination of signs that is always overlaping one another and developing themselves. Let then the art history here proposed emerges not as a lesson of dates and facts but as an intriguing visual text, colourful and multiface in which the various ways cross each other.

Let this dense and large visual tapestry establish aesthetic embroideries, both conceptual and geografically elastic, so that day after day new links and crossings can be found.

This is the invitation for a labyrintic and contemporary visit to MAC collection, where visual signs grow and expand the senses of the observer.

Katia Canton
Director of the Curatory Division

Captions of the figures

1. Tarsila do Amaral
   Forest, 1929
   Oil on canvas
   63,9 x 76,2 cm.

2. Tarsila do Amaral
   The negress, 1923
   Oil on canvas
   100 x 81,3 cm.

3. Tarsila do Amaral
   Railroad Central do Brasil, 1924
   Oil on canvas
   142 x 126,8 cm.

4. Aldo Bonadei
   Still Life, 1951
   Oil on canvas
   45,8 x 55 cm.

5. Geraldo de Barros
   Red and gree in opposite forms, 1952
   Sinthetic enamel on Kelmite
   Oil on canvas
   39,5 x 56 cm.

6. Waldemar Cordeiro
   Movement, 1951
   Tempera on canvas
   90,1 x 95,3 cm.

7. Samson Flexor
   Painting, 1960
   Oil on canvas
   160,7 x 178,7 cm.

8. Maria Martins
   The unforgiving, 1947
   Bronze
   74 x 117,6 x 19,5 cm.

9. Regina Silveira
   The paradox of the saint, 1998
   Instalation, 50 m^2.

10. José Resende
    Bibelot: a section of the mountain, 1967
    Laminated veneered wood, acrylic and earth
    116 x 30 x 72,4 cm.

11. José Pancetti
    São João Del Rey, 1945
    Oil on canvas
    46,5 x 38,5 cm.

12. Fulvio Pennacchi
Landscape with figures, 1941
Oil on wood
51,9 x 72,6 cm.

13. Flávio Shiró
Tryptic, 1962
Oil on canvas
46,2 x 116,1 cm.

14. João Câmara Filho
A Confession, 1971
Oil on wood
160 x 200 cm.

15. José Roberto Aguilar
Soccer Series (2), 1996
Spray on canvas
114 x 146 cm.

16. Marcelo Nitsche
Aliance for Progress, 1965
Synthetic enamel on wood aglomerate and iron chain
122 x 80 x 10 cm.

17. Antonio Henrique Amaral
Brasiliana 9, 1969
Oil on wood aglomerate
104,9 x 122,3 cm.

18. Antonio Dias
Prisioner's smoke, 1964
Oil and latex on wood
120,6 x 93,3 x 6,8 cm.

19. Cildo Meireles
Environment 5, 1973
Watercolor on paper
49,8 x 35,3 cm.

20. Yolanda Mohalyi
Somewhere, 1970
Oil on canvas
175 x 150 cm.

21. Nelson Leirner
You are a part of it II, 1964
Wood, mirror, steel and wood aglomerate
111,3 x 111,3 x 10,2 cm.

22. Alfredo Volpi
Façade, c.1955
Tempera on canvas
73 x 54,3 cm.

Museu Paulista

Texto

José Sebastião Witter
Cecília Helena de Salles Oliveira
Ana Cristina Guilhotti
Heloisa Barbuy
Miyoko Makino
Solange Ferraz de Lima
Vânia Carneiro de Carvalho
Adilson José de Almeida
Ângela M. Gianeze Ribeiro
Teresa Cristina Toledo de Paula

Versão para o Inglês

Gavin Adams

Fotografias

José Rosael
Hélio Nobre

Coordenação e Revisão

Vânia Carneiro de Carvalho
Miyoko Makino

Museu de Zoologia

Texto

Miguel Trefaut Rodrigues
Mirian David Marques
Carlos Roberto Ferreira Brandão
José Lima de Figueiredo

Fotografias

Heraldo A. Britski
César Rocha

Organização

Mirian David Marques

Museu de Arqueologia e Etnologia

Texto

José Luiz de Morais
Sandra Lacerda Campos
Silvia Maranca
Dorath Pinto Uchôa
Levy Figuti
Paulo Antonio Dantas De Blasis
Eduardo Góes Neves

Edição

Maria Isabel D'Agostino Fleming

Fotografias

Wagner Souza e Silva
Silvia Maranca
Parque Nacional da Serra da Capivara
(Fundação Museu do Homem Americano)
Dorath Pinto Uchôa
Marcia Angelina Alves
Erika Marion Robrahn-González

Organização das Fotografias

Denise Dal Pino de Souza

Museu de Arte Contemporânea

Texto

Teixeira Coelho
Martin Grossmann
Katia Canton

Fotografias

Coleção Museu de Arte Contemporânea da Universidade de São Paulo

Título	*Quantos Anos Faz o Brasil?*
Organizador	Adilson Avansi de Abreu
Capa e Projeto Gráfico	Yvonne Saruê
Produção	Anderson Massahito Nobara Évia Yucari Yasumaru Julia Yagi
Editoração Eletrônica	Anderson Massahito Nobara Évia Yucari Yasumaru
Revisão de Texto	Juliana Franco Cardoso
Revisão de Provas	Évia Yucari Yasumaru Tania Mano Maeta
Divulgação	Mônica Cristina G. dos Santos
Secretaria Editorial	Eliane Reimberg Rose Pires
Formato	23 x 26 cm
Mancha	13,5 x 17,8 cm
Tipologia	Garamond 11,5/15
Papel	Couché brilhante 120g/m² (miolo)
Número de Páginas	192
Tiragem	2000
Tratamento de Imagens, Fotolitos, Impressão e Acabamento	*Imprensa Oficial do Estado de São Paulo*